U0933506

珍藏本
纪念版

汉译世界学术名著丛书

利息与价格

〔瑞典〕魏克塞尔 著

蔡受百 程伯撝 译

2017年·北京

Knut Wicksell

INTEREST AND PRICES

(GELDZINS UND GÜTERPREISE)

A STUDY OF THE CAUSES

REGULATING THE VALUE OF MONEY

MacMillan and Co., Limited

London 1936

本书原著德文本于1898年在耶拿出版，

中译本是根据卡恩(R. F. Kahn)英译本转译的。

汉译世界学术名著丛书
（120年纪念版·珍藏本）
出版说明

2017年2月11日，商务印书馆迎来120岁的生日。120年前，商务印书馆前贤怀揣文化救国的理想，抱持“昌明教育，开启民智”的使命，立足本土，放眼寰宇，以出版为津梁，沟通中西，为中国、为世界提供最富智慧的思想文化成果。无论世事白云苍狗，潮流左右激荡，甚至战火硝烟弥漫，始终践行学术报国之志，无改初心。

逐译世界各国学术名著，即其一端。早在20世纪初年便出版《原富》《天演论》等影响至今的代表性著作，1950年代后更致力于外国哲学和社会科学经典的译介，及至1980年代，辑为“汉译世界学术名著丛书”，汇涓为流，蔚为大观。丛书自1981年开始出版，历时三十余年，迄今已推出七百种，是我国现代出版史上规模最大、最为重要的学术翻译工程。

丛书所选之书，立场观点不囿于一派，学科领域不限于一门，皆为文明开启以来，各时代、各国家、各民族的思想与文化精粹，代表着人类已经到达过的精神境界。丛书系统译介世界学术经典，引领时代思想，为本土原创学术的发展提供丰富的文化滋养，为推动中国现代学术和现代化进程做出了突出的贡献。

为纪念商务印书馆成立 120 周年，我们整体推出“汉译世界学术名著丛书”120 年纪念版的珍藏本，寄望既利于文化积累，又便于研读查考，同时向长期支持丛书出版的译者、编者和读者致以敬意。

两甲子后的今天，商务印书馆又站在了一个新的历史时间节点上。我们不仅要铭记先辈的身影和足迹，更须让我们的步伐充满新的时代精神。这是商务人代代相传的事业，更是与国家和民族的命运始终紧密相连的事业。我们责无旁贷，必须做好我们这代人的传承与创造，让我们的努力和成果不仅凝聚成民族文化的记忆，还能成为后来人可以接续的事业。唯此，才能不负前贤，无愧来者。

商务印书馆编辑部

2017 年 10 月

魏克塞尔的经济思想

克尼特·魏克塞尔(1851—1926 年)是瑞典学派的鼻祖,也是近代西方经济学发展史上占有重要地位的经济学家。熊彼特在《经济分析的历史》一书中,将魏克塞尔与瓦尔拉、马歇尔并列为1870 年到 1914 年间三位最“伟大的”经济学家。

魏克塞尔的代表作有三:《价值、资本和地租》(1893 年)、《利息与价格》(1898 年)和《政治经济学讲义》(两卷本,1901—1906年)。

魏克塞尔在政治上是一位激进的资产阶级改良主义者。从青年时代起,他就积极参与当时的激进主义运动,极力主张进行经济改革和社会改革,鼓吹实行财产分配和收入分配均等化的财政政策,稳定货币价值的银行政策,消除工业化不良后果的社会政策,新马尔萨斯主义的人口政策,积极支持扩大选举权、争取妇女权利、反对君主制、宣传无神论和裁减军备的斗争。魏克塞尔的激进主义的政治社会主张使他受到瑞典政府和学术界的冷遇,而他的新马尔萨斯主义人口论和对沙皇俄国的绥靖主义主张又使他在社会上声名狼藉。他根据新马尔萨斯人口论对工人进行说教,鼓吹提高工人收入、改善工人生活的手段不是缩短工作时间,而是减少人口。他根据其绥靖主义观点,鼓吹斯堪的纳维亚裁军，荒唐地主张邀请沙皇俄国并吞瑞典，然后按照瑞典福利国家的面貌改造俄国。魏克塞尔激进主义的政治态度使他在右派中陷于孤立，而他的上述奇谈怪论又使他受到左派的唾弃。终魏克塞尔一生，其政治处境是很可悲的，但他至死不悔，始终坚持自己的观点。

魏克塞尔在十九世纪八十年代后半期转入理论经济学研究。在理论渊源上，他受到李嘉图学派和边际主义学派杰文斯、瓦尔拉和庞巴维克的影响，而其中影响最大的，是奥地利学派的庞巴维克。1889 年，魏克塞尔在柏林一家书店里看到了庞巴维克新出版的《资本与利息》一书，这本书使他的思想最终转向了理论经济学。他承袭了奥地利学派的基本观点，例如边际效用价值论、迂回生产资本论、以时差利息论为中心的分配论等。他根据庞巴维克的资本利息理论分析价格问题，提出了著名的魏克塞尔累积过程理论。正是这一理论，以及根据这一理论所提出的经济政策主张，使魏克塞尔不仅成为瑞典学派的鼻祖，而且成为凯恩斯主义的先驱，从而在现代资产阶级经济学的发展史中占有重要的地位。魏克塞尔的累积过程理论以及相应的政策主张，在《利息与价格》一书中首次得到完整的论述。本书的中心内容可以概括为下述五个方面：

一、价格理论的使命

魏克塞尔认为，价格变动有相对价格变动和一般价格水平变动之分。前者起因于不同的生产部门生产条件和技术条件的变化，并且通过生产要素在部门之间的流动加以调节。后者的起因则暧昧而复杂，而且对整个国家的经济生活产生严重的影响。价格普遍上涨不仅使大多数公众蒙受损失，而且使投机活动猖獗信用过度膨胀，造成经济生活的混乱和危机，而价格水平的下降则会造成萧条和失业。由于相对价格变动决定于自然的原因，其中相当大的一部分非人力所能控制，因此，用人为的办法干预相对价格变动，其结果必然会破坏相对价格变动的自然秩序，使社会受到损害。一般价格水平的变动则不然，这纯粹是一个价格标准的选择问题，是人力所能加以控制的。因此，最理想的局面，是在不干预各种商品的相对价格变动的前提下，使一般价格水平保持稳定。这正是价格理论的使命所在。

二、对以往的价格理论的评论

魏克塞尔在本书第三章中指出："在价值理论的范围内，现代研究对于商品的交换价值或相对价格的起源和确定，作了很多说明。但遗憾的是，在货币理论——货币价值和货币价格——方面，却未尝直接有所推进。"魏克塞尔指出，这种情况产生的原因，是相对价格的研究基础乃是边际效用概念，而这一概念对确定货币价格水平没有什么用途。货币价格不同于相对价格，它不受商品市场或货物生产本身的控制，其支配原因必须到商品市场和货币市场的关系中去寻找。

关于货币价格变动原因的研究，西方经济学说史上历来有两种理论，一是货币生产费用论，二是货币数量论。

魏克塞尔从其一贯的主观价值观点出发，对货币生产成本论持反对态度。货币生产成本论认为商品货币价格变动的原因取决于商品生产成本和作为货币的黄金的生产成本的相对变动。对于这种理论，魏克塞尔提出两点反对理由：1. 货币作为交换媒介，其价值取决于其能购买商品这样一种主观边际效用，而非决定于客观的生产成本；2. 黄金生产费用的变动是缓慢的长期起作用的因素，而在价格问题上，重要的是短期的变动。

魏克塞尔对货币数量论在理论上持一定的赞同态度，他认为这一理论包含着高度的真理，但是这种理论存在着种种缺陷，因而不能说明价格变动的原因。魏克塞尔认为，货币数量论最重要的缺陷有二，一是假定货币流通速度是一个不变的量，二是强调硬币和纸币在交换中的作用，低估了信用票据的巨大效能。他详尽地分析了各种决定货币流通速度的因素，特别是着重分析了现代信用经济和银行制度，指出货币流通速度是一个具有巨大弹性的量，在高度发展的现代信用制度下，商品价格的调节者不可能简单地是货币的数量。货币数量论充其量只适用于由贵金属充当货币的非信用经济。

三、魏克塞尔的累积过程理论

魏克塞尔的累积过程理论的分析基础也是一种均衡法，但他的均衡法不同于瓦尔拉的一般均衡论。瓦尔拉的一般均衡论的基础是萨伊法则，即市场上产品购买产品，供求和需求总是相对。魏克塞尔的均衡论引进了货币因素，这种货币因素对均衡的实现起着决定的作用。他将这种均衡称为货币均衡。当货币均衡实现时，第一，商品的需求与商品的供给相等，商品价格保持稳定。魏克塞尔反对那种认为货币只是一种商品，而价格的变动只是商品供求不相符合的结果的观点，他认为问题在于对商品的货币需求，而货币理论的任务就是要研究对商品的货币需求怎样能高于或低于商品的供给。第二，储蓄量等于投资量。魏克塞尔认为，应当将总供求和总需求分解为对消费品的供给和需求和生产资料的供给和需求。瑞典著名经济学家沃林在为魏克塞尔《利息与价格》一书所做的序言中指出，魏克塞尔最有成效的改进，是借助于对消费品的供给、生产资料的供给、用于消费品的收入和用于资本品(即生产资料)的收入这四个因素的分析，填平了价格理论和货币理论之间的缺口。

那么，货币均衡实现的条件是什么呢？魏克塞尔的答复是:实际利息率同自然利息率相等。所谓实际利息率，是指在提供信贷时实际存在的利息率。至于所谓自然利息率，他的定义很含混，但实际上是指使用货币贷款时所预期获得的利润率。实际利息率与自然利息率这两个概念是魏克塞尔从庞巴维克的资本利息理论中借用来的，其目的是要说明利息率同价格变动之间的关系，并且企图在传统资产阶级经济学关于这个问题的理论范围内加以说明。传统经济学认为，当利息率降低时，信贷扩大，有支付能力的需求增加，从而使商品价格提高。魏克塞尔认为这一理论过于简单，需要加以丰富和展开。他根据庞巴维克的理论中实际利息率和自然利息率的区分，认为当实际利息率低于自然利息率即预期利润率时，资本家有利可图，于是增加借款，扩大投资，增加生产，结果利润和工资均趋于上升，增加了对生产资料和消费资料的有支付能力的需求，从而使物价上涨。反之，当实际利息率高于自然利息率即预期利润率时，资本家无利可图，因而减少借款，减少投资，降低生产，结果利润和工资减少，人们对生产资料和消费资料的有支付能力的需求下降，从而使物价下降。当实际利息率等于自然利息率即预期利润率时，增减投资既不增加利润，也不减少利润，于是投资不增亦不减，生产和收入保持不变，因而物价稳定，出现均衡状态。

魏克塞尔认为，上述因利息率的变动而引起的物价向上向下两种变动过程均带有累积的性质。当实际利息率低于自然利息率，投资、生产、收入、物价向上运动时，资本家因投资前景良好，不断地增加借款，扩大投资，使生产和物价日益上升。反之，当实际利息率低于自然利息率，投资、生产、收入、物价向下运动时，资本家因投资前景暗淡，不断地减少借款，减少投资，从而使生产和物价日益下降。那么，这种累积过程是否会永远地持续下去呢？魏克塞尔认为不会出现这种情况，原因是存在着利息率这一制动器。当投资、物价向上运动时，银行存款日趋减少，而投资有增无已。当储蓄额低于投资需求量时，银行便会提高实际利息率，缩小实际利息率同自然利息率之间的差额。这时，资本家投资的动力便趋于减少，从而降低了投资物价向上运动的速率。随着实际利息率越来越接近于自然利息率，生产、价格向上运动的速率日益衰减，越来越接近于均衡状态。反之，当投资物价向下运动时，银行由于储蓄愈来愈大于投资需求，被迫降低实际利息率，结果对投资物价向下运动的过程产生遏制作用。

四、经济政策主张

魏克塞尔根据上述利息率同价格之间的关系的理论，提出变更银行利息率以调节经济发展进程的宏观货币政策主张。他认为，上述银行利息率对生产、物价水平的调节作用是自发的、盲日的，因而其作用可能是积极的，也可能是消极的。只有以正确的理论为指导，方能发挥其有益的调节作用。理论研究的目的，不在于单纯的学术探讨，而在于提供正确的政策理论依据。魏克塞尔的货币政策建议的核心，在于银行自觉地不断地使实际利息率同自然利息率保持一致。但事先确定自然利息率不但是不可能的，而且是不必要的。实际上，价格水平的变动状况，乃是实际利息率同自然利息率吻合与否的一个指示器，银行只要根据价格的变动情况，灵活地变更利息率，在价格上涨时提高利息率，在价格下跌时降低利息率，即可达到目的。而利率对价格变动的反应越灵敏，则其稳定效果越好。

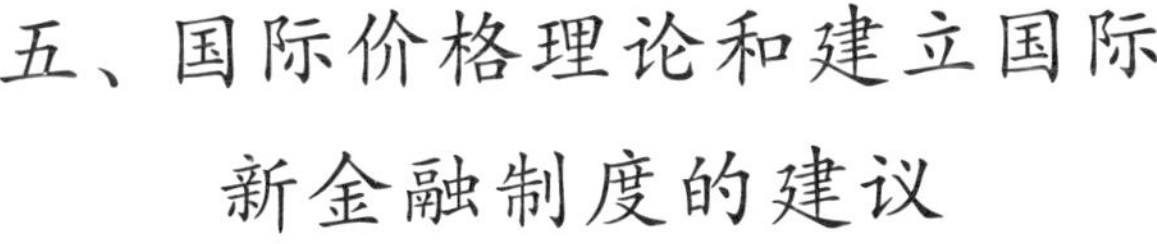

五、国际价格理论和建立国际新金融制度的建议

魏克塞尔基本上赞同西方经济学关于国际价格关系的下述理论：一国的价格水平，不能同有贸易关系的外国的价格水平毫无瓜葛。当国内价格水平上升时，则外贸地位恶化，出口减少，进口增加，贵金属外流，结果外国货币增加，价格水平上升，而国内货币减

少，价格水平下降，从而恢复到原来的均衡水平。这种理论乃是货币数量论在国际价格领域中的运用。不过魏克塞尔认为，国际价格平衡的恢复比上述论断要迅速得多，直接得多。因为外货进口供给的增加和出口需求的降低本身即直接间接地构成一种压力，迫使价格水平向原来的水平回复，而与贵金属的国际移动无关。

根据这一理论，魏克塞尔主张废止金本位制，取消黄金作为国际货币的资格。他设想的国际金融制度，既无须建立某种世界银行，也无须发行某种国际纸币。各个国家可以实行自己的纸币制度，各国的纸币可以在该国中央银行按平价汇兑，但只限于在本国流通。各国银行的中心任务在于控制利率，各国银行对利率的控制既有其相对独立性，以便有效地稳定国内物价水平，同时又要互相协调，以便调节国际收支关系，使国际价格水平保持稳定。

魏克塞尔认为价格稳定并不等于克服经济萧条，因为价格下降不是经济萧条的原因，而是其结果。因此，以调整利息率为中介的货币政策并不是万能的。他写道："有些人希望从货币的处理中出现奇迹。这里要提醒他们一个公认的事实，钱币是不会生儿育女的，即使会的话，贵金属和银行券是寒不可以衣，饥不可以食的"（本书第186页）。魏克塞尔认为，破除了这种不切实际的货币幻想，遵循正确的途径，则货币改革依然是当代最重要的经济问题之一。

魏克塞尔在现代西方经济学发展史上之所以占有非常重要的地位，他之所以成为瑞典经济学派的鼻祖、凯恩斯主义的先驱，最主要的一点，是因为他是西方经济学说史上第一个反对萨伊法则，反对资本主义经济机制能实现自动均衡的西方经济学的传统教条的资产阶级经济学家。他以自己的累积过程理论证明，资本主义经济的自发趋势是走向不均衡，只有依靠银行自觉地实行的利息率调整政策，才能实现经济均衡。破除自动均衡的陈腐教条，提出以调节利息率为中介的宏观货币政策主张，魏克塞尔的这两点成就，在以从自由放任主义向国家干预主义过渡为基本线索的现代西方经济学发展史上，带有划时代的意义。

由于种种原因，魏克塞尔的学说在当时无论在国内和国外都没有受到重视，湮没了二十多年之久。直到本世纪二三十年代，瑞典经济学家米尔达尔、沃林、林达尔等人才重新阐发了魏克塞尔的经济学说，建立宏观动态均衡学说，并且于二三十年代之交率先得出了与凯恩斯的《通论》基本上相同的国家干预经济的政策结论。同时，在三十年代，魏克塞尔的代表作《利息与价格》、《政治经济学讲义》相继被译成英文，在西方国家广为流传。魏克塞尔的经济学说被公认为凯恩斯学说的理论渊源之一。

杨 德 明

目　录

柏替·奥林教授绪言

要评论纳特·魏克塞尔货币学说的特点及其重要性，须从十九世纪九十年代的货币论争的背景来观察。在这时期以前的数十年间，关于国际金本位制(international gold standard)的组织，是一个突出的问题。当十九世纪七十年代，这一个组织还未及胜利实现，而由于批发价格不断低落，它的地位已经受到威胁。这时关于复本位制(bimetallism)的热烈宣传几乎遍及各地。关于这一制度的特色、作用及其优缺点，就自然成了在货币范围内讨论的中心题材。这时通货学派与银行学派之间长久的论争已成过去，无疑的由后者保持了阵地。关于货币数量论(quantity theory of money)，则即使在盎格鲁-撒克逊国家也认为是不足信的。多数学者一致认为如果根据健全的银行原则，在具有适当担保下发放贷款，则支付工具的供量就不会超过"市场的需要"。在这方面，关于银行利率水平的问题，则没有加以讨论。

似乎有两件事情使魏克塞尔对货币问题采取了完全不同的态度。首先，他是英国古典学派经济学家，特别是李嘉图(Ricardo)学说的精深研究者和赞赏者。对魏克塞尔数学的头脑说来，李嘉图所提出的货币数量论，比之当时银行学派的空泛讨论要有力得多。这类讨论，撇开了"价格为什么要上涨或下跌?"那个魏克塞尔在早年就认为是货币理论主要的问题。而李嘉图学派极端重视贴现政策对货币量和价格的影响，这似乎在魏克塞尔看来是完全合理的。在另一方面，杜克(Tooke)的说法是，当价格跌落时利率一般下降、价涨时则上升，而李嘉图学说则似乎与之相反，魏克塞尔对于这一点无法折中。这个困难，他通过对庞巴维克(Böhm-Bawerk)利息理论的研究和发展而获得了解决。所谓"自然"利率("natural" rate of interest)——那就是资本的边际生产力(marginal productivity of capital)控制的，也就是被在不使用货币时那种迂远的生产方法所控制的——与资本市场上实际发生的利率，究竟有没有什么关系呢？可能的答案只有一个，关系的存在是肯定的。那么这种关系究竟是怎样的呢？答复是，这两种利率(自然利率和市场上发生的货币利率)当然是要倾向于一致的。如果前者与后者分歧，那么货币就不能再认为是"不偏不倚的"，以价格变动形态出现的货币影响，必将随之而起。如果货币利率低于自然利率，价格将上涨，反之则下跌。

魏克塞尔始终认为这样的推论，不外是旧有的数量论的引申。[①] 而且他对于他自己的贡献总是认为只是一种可以怀疑的假设，从来没有像他的有些弟子那样的深信不疑。或者以为他的理论可作为对商业循环的一种解释，但他坚决否认。他对于马西斯(Mises)的意见——错误的信用政策是繁荣和萧条趋向的根源——抱着批评态度。他的见解可以从下面简短的引文内看出："因此我们的结论是，虽然由信用政策引起的货币购买力的变化，

① 参阅例如他在他的1922年德文版《演讲录第二集》"货币与信用"里的序言。

在目前情况下确与商业循环相密切结合，而且无疑地对后者还有所影响，特别是还足以引起恐慌；但把这两种现象从其本质上看，说是其间有必然的联系，则似无此必要。商业循环主要地也是一个强有力的原因，似乎在于技术和商业的进步，由于其本身的性质不能与当前人类需求的增长——首先是由于人口有组织的繁殖——取得均衡前进的步调，而是时而加速、时而推迟。在前者的情况下，……大宗流动资本转变为固定资本，这一过程，如我前已述及，是跟随着每一次上升中的商业循环的，实际上这好像是唯一真正的特征，或者说，没有这样的特征是无论如何不可想象的。”[①]……“如果在上升的时期开始时，银行即已充分提高了它们的利率，而在另一方面，当萧条即将降临时，即有力地降低其利率”，这样，价格水平或者可以保持稳定；虽然，固定资本项下的原料，当贸易兴盛时期将涨价、衰落时是要跌价的。“在这样的情况下，引起恐慌的主要因素或者可以消失，遗留下的只是在加速形成固定资本的时期和新资本转化为……别的形态的时期这两个时期之间的轻微风浪。”……“当所谓贸易衰落时期，商品存量的增加，或者就是实际投资的最重要形态。”[②]

对于商业循环的特性，魏克塞尔的意见在他的论文“恐慌之谜”[③]里，也许是表示得最清楚了。他在这里指出，要解释商业上比较有规律的起伏现象，有两种完全不同的方法。一个是假定有一些外来的力量在不断起着作用，因此造成动荡不安。还有一个

① 《演讲录第二集》：“货币与信用”，瑞典文第 3 版，第 197 页。

② 同上书，第 198 页。

③ 《国民经济杂志》，奥斯洛(Oslo)，1917 年。

是利用这样一个假设，即认为现代经济制度，由于其本身的性质，对于一切足以推动它的非正规的力量，将引起一种动荡不安情况的反应。可以想象这种情况有如一个回转木马。魏克塞尔无疑地倾向于后一见解，而且认为通过机敏的信用政策，至少在多数情况下，可以防止这种动荡的渐趋猛烈。

魏克塞尔在《货币利息》出版以后，研究货币问题将近30年，因此这里对于他思想变迁的经过略加阐述，也许是值得的。实际上这种变迁是不大的。虽然他对于自己的推论随时准备怀疑、责难，但是他同别的瑞典经济学家所进行的生动的讨论，在他的理论上似乎并没有留下多少痕迹。试以他同大卫逊(Davidson)教授的讨论为例。[①] 1906年，大卫逊，那是魏克塞尔所极为推崇的，提出这样的意见：当技术进步迅速、生产效率增进的时期，如果商品价格随着产量的增加，按比例地下降，那么比在价格保持不变的情况下，商业将获得更大程度的稳定。他又指出，在效率增进以前，如果货币利率和商业利润(即魏克塞尔所说的自然利率)相互间保持着正常关系，那么价格倘按照效率的增进比例下降时，此种正常关系即可继续保持。这时将无须变更货币利率。如果将利率降低，[②]借以防止价格水平下降，则与利润

① 参阅载《国民经济杂志》下列论文：(1)大卫逊，“关于货币价值的概念”，1906年；(2)魏克塞尔，“货币价值稳定是防止恐慌的一个方法”，1908年；(3)大卫逊，“关于货币价值的稳定”，1909年；(4)魏克塞尔，“货币利率与商品价格”，1909年。并可参阅布林力·托马斯(Brinley Thomas)，“大卫逊教授的货币学说”，载1935年3月《经济杂志》。

② 依照魏克塞尔的意见是应将货币利率提高，以保持资本市场的平衡，并防止价格水平上升，参阅魏克塞尔的答复。

对比将显得过低，而通货膨胀现象将随之发生。对于这个见解，魏克塞尔的答复是："按照大卫逊所举的情况，由于生产力增进而引起的利润增加和由于价格下跌而引起的利润减少——根据他的假定，后者系起因于前者——两者似乎将相互抵消。但可断言，只有对价格变动能够事前预知并加以估计，或者价格是那样地平稳，并且继续到那样长久，因此一般认为已经类于固定时，这样的情况才会发生。可是各个商人为将来作打算，从而决定对劳动、原料和信用的需要时，一般总是以现时价格作依据的。"[①]因此货币利率如不即时提高，价格将上涨，而过了些时，由于生产力增进，使制成品的供量扩大时，价格将下跌，于是商人将遭受损失，局势将受到扰乱。

大卫逊反驳说这样的情况可能发生，但不是一定会发生。他倾向于这样的看法，认为当自然利率由于技术进步而趋向于上升到货币利率以上时，商品价格的下跌将引起相反的影响，使自然利率保持低平，这就防止了发生任何矛盾。

魏克塞尔在答复时承认，对这一问题须予以比以往更进一步的注意。可是认为大卫逊的推论有赖于"这样一种不言而喻的假定：实物资本的供给是与生产力作等比例增进的。大卫逊显然有着这样的意见，认为货币工资是仍然不变的；这样，如果商品价格低落，实际工资将提高，但实物资本的供给如果没有增加，实际工资又怎样能提高呢？"[②]魏克塞尔引证了庞巴维克的资本理论，指

① 前引著作，1908 年，第 211 页。

② 前引著作，1909 年，第 64 页。

出这个情况是不可能的。他接着说:“如果实物资本的数量增加,则即使价格没有变动,实际利率(real rate of interest)[①]也将下降,从而货币工资将提高。[②] ……当然,这里我的假定是别的情况仍然一样,就是说,实物资本和实际工资没有任何变动。……生产力增进而实物资本的供量不变,则必然意味着实际利率的提高,这时除非使货币利率与实际利率相一致,也就是说除非将货币利率提高,否则市场情况绝不能保持平衡。”[③]虽然价格暂时下跌也是可能的,但是除非将货币利率提高,否则价格将发生累积性上涨的倾向。

这种讨论,虽然有些混杂不清,但是特别有意味,因为它已接触到推论的一种线索,如果能跟着追究下去,必然能引向对“自然”或“实际”利率的基本概念的重新考虑和修正。诚如魏克塞尔所指出的,结果怎样,显然在于商人们对价格未来趋向的如何看法;这将影响到他们对于贷款以及工资和原料的需求。至于说商业上的打算总是以现时价格作依据,这样的推断是经不起多少批评的。商人们对于足以决定其打算到将来的各方面,进行研究是不可免的,但在处理足以影响及其投资数额的一些因素时,至少在相当程度上,是不会为自然利率这一奇特的概念所支配的。

魏克塞尔的观点历来所以改变得这样少,其主要原因无疑地

① 魏克塞尔使用“实际利率”这个名词时,其意与“自然利率”无异。

② 实物资本的供量增加,则实际工资将提高;这样,如果商品价格水平没有变动,货币工资将必然提高。

③ 前引著作,第65、66页。

系由于他的理论所遭遇到的批评,并没有深入到根源。[①] 魏克塞尔在晚年时,对货币理论整个体系又一次表示了怀疑;这倒并不是由于他所受到的批评,而是由于他,同所有别的瑞典经济学者一样,对于所提出、所辩护的有关战时通货膨胀解释的可靠性,他自己发生了疑问。

兹试将魏克塞尔自己所提出的关于其理论方面的修正和转变,作一简要叙述。在他的《演讲录第二集》:《关于货币与信用》,1906 年瑞典初版的序文里这样说:"除了'自然利率'这一有些过于含混和抽象的概念外,我又为'正常利率'(normal rate of interest)这一比较具体的概念作了定义,那就是当新资本的需求恰好与同时发生的储蓄相抵时的利率。……这里我在大体上比前更进一步地处理了关于怎样用商品和劳务的供给与需求这个简单易解的公式,来表示一般商品价格水平变动的问题。"

上述两项修正内的第一项,事后证明,使很多经济学者认为魏克塞尔的理论,其分析和思考方法,是可以接受的,其中并且包括一些人,他们并不同意他那"在一个不使用货币的社会里的资本边际生产力",也即"自然利率"的概念,认为这样的说法并无效果。至于谈到储蓄与投资的关系,有所谓正常的利率,或信用政策可使这两者达到平衡的说法,已成为大战以后币制讨论的主要部分。其第二项修正,只是表示了研究的重点方面的变迁。魏克塞尔在

① 直至新近,由于下列几篇文章的结果,在这方面才有所转变——林达尔(Lindahl)的《制定货币政策的手段》(瑞典文),1930 年和密尔达尔(Myrdal)的"用均衡法进行对货币理论的分析",《对货币理论的贡献》,哈耶克(F. A. v. Hayek)编(以瑞典文在《国民经济杂志》上发表,1931 年卷,但于 1932 年出版)。

他的《货币利息》中已曾着重指出，认为一个商品价格的变动既系由于供求关系的变化，则一般商品价格水平的变动，也必然同样是这个道理。这在货币理论上是一个新的见解。直到那时止，实际上还在那时以后很久，一般都认为这是显而易见的，商品既用来交换商品，则一般价格水平的变动与个别价格的变动，其起因必然完全不同。因此在经济学教本中关于货币的那几章里，对于一般水平变动进行分析时，总是从货币机构的讨论开始，而关于价格与分配理论的有机联系方面则略而不谈。

在我看来，魏克塞尔在他的分析中最有效果的改革，在于他采取了弥补价格理论与货币理论之间的缺口之一重要步骤。基于“一般价格水平的提高系由于总的需求和总的供给对比下的提高”这一论点，魏克塞尔直觉地感到宜于将这两个方面各分为两类：一方面是消费品的供给和资本物品的供给，另方面是拟消耗的收入和拟储蓄的收入。通过这四个因素间关系的研究，使他对价格变动的特性，比较凭旧的数量论分析价格水平变动所得的结果，有了更深刻的观察，而数量论对于这种足为价格变动特征的商品相对价格变动的问题，却是置之不顾的。还有，按照魏克塞尔的研究方向，对于货币机构——货币及银行制度的组织——的分析，只给予次要地位。这样，我觉得有很多好处，例如可以使货币理论，比较在特种结构的货币下来进行解释时，有更加广泛的基础。魏克塞尔凭了他的纯粹信用经济这一卓著的假定，顺利地摆脱了直到最近还在困扰着货币理论的“货币数量”这一概念的纠缠。

我渐渐认识魏克塞尔这一方面的理论，比他将价格理论同货币理论相结合的另一尝试有更重要的意义。他的另一尝试是想证明那维持价格水平不变的利率和在价格与分配理论中决定的利率,两者是一致的,后者或称作自然利率,即资本的边际生产力,或称作正常利率,就是使储蓄的供求相平的利率。价格与分配的一般理论,其性质毕竟是静态的,将其概念引用到比较动态的分析,譬如通货膨胀问题时,是未必能适应的。与其将货币理论建筑在这样静态的分析上,不如在动态范畴中,从各种利率的实际决定因素来进行货币分析,似乎更为自然,然后再根据这样的分析来修正分配理论。沿着这样的路线进行,在我看来似乎是魏克塞尔在这方面理论的改革的自然结果。这将使货币理论与价格理论相协调,使后者更加倾向于动态的,这时不但像自然利率一类的概念,就是关于货币平衡的整个观点,以及在平衡定义下的正常利率这一概念,或者都可放弃。[①]

现在我们再谈一谈魏克塞尔的第三个修正,这是在他的《演讲录》(1906 年)第一次瑞典版里所提到的。那是关于黄金生产对价格影响的问题,他说:“我以前曾与古典学派的意见密切一致,认为这种影响主要是通过利率的参与而发生的;黄金生产超过了需要,首先使银行黄金存量增加,从而使利率降低,这又进而促使价格上涨。……但经过进一步思考以后得出的结论是,主要重点还应放在产金国家对商品需求的方面;如果这种需求不能为其他国家同样大的物品供应——换言之,对新产黄金的需要——所抵消时,必然引起价格上涨,而且立刻上涨;这样货

① 关于这类问题的分析,详见我的瑞典本《失业的补救方法:货币政策、公众事业、津贴及关税》,1934 年。其修正的英文本,改题为《扩张论》,将于 1936 年出版。

币利率也许完全不受影响，甚至可能受到方向相反的影响。”[①]“因此黄金存量的增加，将在价格变动的背面，发生一种有如‘钩子’样的作用，阻止价格再行回落……这就是说，它不是价格上涨最初的起因，而是在价格变动开始以后嵌进来的一个基础。……我只是顺便提到这一点，作为一个可想象的假定。……由于纸币不断发行的结果，总是要引起货币价值迅速低落，对于这种情况，似也可作与上面相似的推论。”[②]“在这方面，同样地，价格上涨，严格地说是首要因素，而支付工具量的增加是次要因素，同时至少可以设想，在这样的情况下，并不发生纸币的真正过剩以及随之而起的利率降低。”[③]但两年以后，在一次与大卫逊的讨论中，魏克塞尔似乎又回到了他原来的论点；他企图将黄金生产问题说成只是正常利率与货币利率之间的差异的一个特殊例子。“就新产黄金而论，它并没有压低银行利率的影响，但将使商人以较低价购入以后，可以按较高价在市场售出，从而增加商业利润；这样将使货币利率与自然利率这两个因素之间的差异大致仍然不变。”[④]

欧战后数年，魏克塞尔又一次改变了他的意见。那时在瑞典展开了关于货币问题的活跃讨论，有好几位作家抱着正统的魏克塞尔派的态度，但这似乎使魏克塞尔自己却越来越

① 《演讲录第二集》，序言。

② 《演讲录第二集》，瑞典文第三版，第155页。

③ 同上书，第157页。

④ “货币价值稳定是防止恐慌的一个方法”，《国民经济杂志》，1908年，第211页。

怀疑。[①]

在瑞典文第二版的《演讲录》(1915 年)里,魏克塞尔提出了影响比较深远的修正意见,但在他自己则并不认为重要。在序言里他说:"关于货币利率与自然利率彼此之间的相互影响,兹所述及的如果并不认为是对我的批评者的一种让步的话,那么我要声明,我感到我的一般论点本来没有被请求修改"。这里所说的让步是这样的:"有人反对货币利率降低应该对实际(自然)利率有压抑影响的说法;这样对价格进一步上涨的刺激将消失。这种可能,一般是不能否认的。实际利率降低、别的情况不变时,需要新的实物资本,也就是更多的储蓄。"[②]魏克塞尔认为储蓄增长的趋势可以远比相反的趋势为强烈,因此可以使已经开始的价格上涨停止。但他对于储蓄与实际利率之间的这种反应则认为是"次要因素"。

在我看来,这种反驳的含义,比魏克塞尔所设想的要广泛得

① 参阅载《国民经济杂志》下列论文:(1)大卫逊,"几个理论问题",1919 年;(2)魏克塞尔,"卡赛尔(Cassel)教授的经济论文",1919 年,译为英文后载魏克塞尔的《演讲录》,英文版,第 1 卷,自第 219 页起;(3)大卫逊,"货币问题理论研究",1920 年;(4)考斯道夫·亚克曼(Gustaf Akerman),"通货膨胀、货币数量和利率",1921 年;(5)魏克塞尔,"通货膨胀、货币数量和利率",1921 年;(6)奥林,"关于价格上涨、货币膨胀与货币政策",1921 年;(7)赫克休(Heckscher),"利率过低的影响",1921 年;(8)柏利斯曼(Brisman)"直接通货膨胀时的利率",1922 年;(9)大卫逊,"关于正常利率概念",1922 年;(10)亚克曼,"通货膨胀、货币数量和利率",1922 年;(11)魏克塞尔,"答复亚克曼先生",1922 年;(12)魏克塞尔,"答复赫克休教授",1922 年;(13)大卫逊,"关于货币价值原理",1922 年;(14)大卫逊,"关于战时及战后货币价值调节问题",1922—1923 年。

② 《演讲录》,瑞典第 2 版,第 202 页。并参阅卡赛尔:《社会经济理论》,第 48 节。

多。林达尔[①]和密尔达尔[②]的分析曾指出“信用与货币利率的存在是所以决定自然利率构成因素的一部分”。[③]“相对的物物交换条件，倘认为其发展与贷款契约赖以成立的绝对货币单位绝无关涉，那是不可想象的。”[④]换句话说，魏克塞尔的自然利率这一概念，在动态分析中，证明是没有多大用处的。

现在我要谈到魏克塞尔对货币理论的提出，在《货币利息》中和在他以后的著作中另一个相歧之处。这并不是说在见解上有什么变更，而魏克塞尔对于两种分析方法，他自己似乎也并没有论及其间的优劣。

在《货币利息》中，魏克塞尔仍然保持着他自己在数年前的说法，[⑤]将耐久资本物品——房屋、运河、铁路等——同自然资源一般看待。他把它们称作“租金物品”(rent goods)。对于寿命比较短促的原料、工具、机器等，他称作狭义的资本。与庞巴维克的分析相对照时，这就意味着比较地回复到了“固定资本(fixed capital)和流动资本(mobile capital)的古典派的区别”。[⑥]这样就只有流通资本(circulating capital)作为工资与租金的基金，用以偿付对自然资源与固定资本的使用；在这个基础上，这就引用了庞巴维克的迂回生产方法和投资平均时期的理论。

---

① 《制定货币政策的手段》(瑞典文)，1930 年。

② “用均衡法进行对货币理论的分析”，《对货币理论的贡献》，哈耶克编，1933 年。

③ 前书，第 393 页。

④ 前书，第 394 页。

⑤ 《价值、资本与租金》，1893 年。

⑥ 详见本书第九章第一部分。

另一方面,魏克塞尔在《讲演录》(1906年及以后各版)里则把全部资本作为工资基金。投资的平均时期,在这里则指由生产中的各原始因素,即从劳动和自然资源的投资到制成消费品的消耗,其间所经过的时间。这个方法有其显明的优点,比如当研究货币利率降低的影响时,所有新资本物品比较持久的倾向,可以不被忽视。另一方面,投资平均时期,如果像在《货币利息》里所说明的那样用法,则在研究价格变动(例如在变化的商业循环中)时,其概念更加具体、更加易于掌握。如果试将两种方法的优点结合起来,则其结构似乎将比较接近于后者。那种把非人力的生产手段划分为自然资源和资本物品两类的无效企图,势必放弃;这样当追溯及那些已经着手的投资时,其投资的平均时期将无从谈起,但投资时期的重要是在于为了构成各种资本物品而进行的将来计划,并不在于过去情况。

货币利率与足以促使储蓄与投资两者相均等的正常利率,如果这两个利率趋于一致时,商品价格水平将保持不变——这个论点一般认为是魏克塞尔货币理论的基石。但魏克塞尔晚年时,对于上述论点的切实可靠,越来越感到怀疑。他与大卫逊在前一时期的讨论,对他影响到怎样程度,我们无法断定。从他最后的论文[①]来推断,这是由于他同商人们对于战时通货膨胀的起因,特别是对于商品供量减少的影响这些方面的讨论,使他的观点有了变更。[②]

① "斯堪的纳维亚国家的货币问题",《国民经济杂志》,1925年;译文列入本书附录。

② 当欧战时期,魏克塞尔在各种期刊、报纸以及"经济社会"中时常讨论到这个问题,但论点比较偏于保守。可参阅例如在《国民经济杂志》里的下列论文:(1)魏克塞尔,"货币利率与商品价格"以及由此同卡赛尔教授、同瑞典银行行长莫尔(Moll)的讨论,1918年;(2)大卫逊,"关于价格上涨的片段研究",1918年;(3)大卫逊,"资本的定量配给",1918年;(4)赫克休,"货币价值的调节问题",1918年。

概括地说，魏克塞尔的学说——在这一点上，同卡赛尔大体是一致的——是这样：如果对投资者贷放的资金超过了储蓄，该项储蓄并且由借款者用于实在的投资，那么总的购买力将增长，价格将上涨。但是储蓄和投资之间如果保持平衡，购买力即保持不变，价格即不会上涨，至少不致就现有商品量的任何缩减程度，作超比例的上涨。谈到战时商品缺乏的影响时，魏克塞尔曾指出，这样的推论反映了“对购买力这个名词缺乏清楚的概念。这里所涉及的问题，只是货币购买力。因此有理由可以说，货物与劳务的市价普遍提高时，其本身就创造了为应付较高价格所需的购买力。”此外所需的只是“流通媒介数额的增加。如果一切支付都用支票，那么这种增加当然会完全自动地实现。”[①]这时每一种支付工具的速度将增加，因为多数人在消费习惯上的保守，超过了他们在支付习惯上的保守。并且由于有些人希望增加其现款保有量，对信用将发生新的需求。这时从事限制信用，并不一定能压低这些人对信用的需求。“利率的提高，对一切生产者方面说，要从而限制其对贷款的需求，的确是一个相当有效的方法，但是对于那些为了交换面扩大，只是希望加强其现款布置的人，这个方法就难望其收到相类效果。”[②]

这些论断，在我看来是值得予以最大注意的。他把货币机构方面反映的问题列于次要地位，而从总收入和总的商品供量来讨论价格变动问题。这就很明显，像魏克塞尔所讨论的情况，由于消费者增加了以货币计的、对消费品的需求，很容易引起价格的普遍

---

① 详见本书附录“斯堪的纳维亚国家的货币问题”。

② 同上。

上涨。这不一定含有任何储蓄减少的意义，因为这就增加了比如在账册上所表示的净收入；所以储蓄——即收入所得与收入的消耗两者之间的差异——可以不变，同时对生产者贷款过大的一点，也可以一无关涉。由此得出的结论是，虽然魏克塞尔并没有这样明白指出——即使储蓄和投资两者之间，像一般所了解的那样，获得了平衡，而收入和物价仍然可以自如地上升或下降。这样，魏克塞尔原有理论的基础之一将不得不放弃。

魏克塞尔曾指出，不但购买力或收入，就是其他如储蓄和投资，它们的基本概念并没有充分解释清楚，当然这个说法是十分正确的。在我看来，这一点倘能做到，那么循着魏克塞尔的路线来更好地研究价格变动问题是可能的。虽然魏克塞尔的工具是欠缺的，但是他的科学天才，使他对于价格体系变动的特性和形态达到了深刻的观察，这一点在我看来，即使当他的自然利率或正常利率这些概念久已推翻时，仍将永远被认为是一个伟大的科学成就。关于现在对货币理论的基本原理，包括魏克塞尔自己的贡献在内，所发生的争论，如果他还在世能够亲眼见到的话，那将没有人会比他更高兴的。在他最后一篇论文的一段结论里，充分显示了他对于货币问题真正科学的和谦虚的态度。他很严肃地这样说："至于在战后时期，关于那时的不合理的、往往要使人迷惑的价格波动，我不得不率直地说，我所盼念最切的是，能够听到有人对这些问题提出的权威意见，而不是让我自己来试作解释"。[1]

柏替·奥林(Bertil Ohlin)

① 详见本书附录"斯堪的纳维亚国家的货币问题"。

著 者 自 序

这本书内容并不怎样广博，但使我几乎不间断地工作了两年多。我的原意只是想把关于赞成和反对数量论，尤其是关于赞成和反对复本位制的情况（当时我是倾向赞成一面的），作一明确的叙述和清晰的观察。但经过思考，不久即使我不得不放弃了这个简单的计划。那种认为没有一个完整的、贯穿的货币理论可以代替数量论的说法我原已怀疑；经过进一步深入研究，特别是对于杜克以及和他同派的著作作了研究以后，使我怀疑加深。如果数量论是错误的，或在相当程度上是错误的，那么到目前止，关于货币还只有一个错误的理论，还没有正确的理论。至于杜克学派所提出的批评，在其消极的一面有许多地方是正确的、有启发性的，可是在积极意义上所说的不过是一些陈言套语；这一学派绝未能，甚至也未曾认真企图，从事于组织一个完整的理论体系。直到今天，即使是最杰出的经济学家，大部分也还缺乏真实的、合乎逻辑的货币理论，这并非过甚其词。这种情况，对当前讨论之一问题的顺利进展，自然是没有帮助的。

另一方面，关于数量论，即使像李嘉图的那样真正经典著作里谈到货币时所提出的一些说法，也引起了像作家们随后所提出的许多异议，使人不能无所增损地加以接受。在我面前唯一可能的途径，似乎只有循着这位大师的足迹前进，去追寻数量论所由产生的一些基本概念的合理结论，从而获得一个应该既是首尾贯穿又是完全符合实际的理论。

从下面所用的思想路线，似乎可以导向一个有用的结论。根据李嘉图所说，货币过剩时将通过两个方面表现——一个是一切价格上涨，一个是利率降低。但李嘉图着重指出，后者只能是一个暂时的现象，因为一等到价格与增加的货币量已相适应时，货币的过剩就不再存在，而这时的利率，在其他情况不变时，就必然恢复到原来水平。倘要使利率的降低多少带有永恒性，那就必须使货币经常恢复过剩状态，使货币的相对量不断增加。所以像这样一个结果，只能在商品价格不断的上涨中实现。这一论断应该是能普遍适用的。实际上在信用经济发展的今天，它已有了进一步的重要意义；因为物质货币量的增加不但造成信用趋于松弛的原因，而且可以产生使流通速度增加（实在的或虚伪的）的结果；这将在下面谈到。[①]

假使金融机构在非常优惠的条件下供给货币或信用，这就必然促使社会方面更多地使用货币或信用。结果是价格高涨；而且我们知道，只要是信用继续松弛，价格即将继续上涨。当然，在信用紧缩时将产生相反的结果。

但是这里须作一重要补充。虽然这是从这些现象的本质就可以看出的，但往往被忽视，结果是草率地下了与事实相脱离的结

① 另一方面当利率提高时，又必然趋向于加速货币流通，这一显然的矛盾，可以从下面第 8 章里所阐述的很容易地得到解决，并可参阅本书在以下所谈到的。

论。要晓得，贷款所负担的利率，它本身显然是绝无所谓高或低的，只是对持有货币的人，就他所能够得到的或希望能够得到的报酬来说时，方才是这样的。就绝对意义说，一个高或低的利率，并不能影响原料、劳动、土地或其他生产资料的需求，从而间接决定价格的趋向。问题在于现行的贷款利率和我所拟称作"资本的自然利率"的这两者之间的比较。大致说起来，自然利率同在实际交易中的实际利率是一件东西。我们可以将这种利率看作是假定实物资本没有货币参加而用物品贷出时、在这样的供求情况下所决定的利率，这样就可以获得一个比较确切、虽然还是有些抽象的标准。

值得注意的是这一论据根本很简单，实际上几乎是一见就了然的，但就我所知，虽然有些经济学者也曾偶然提到过，却从未把它当作一个货币与价格的完整理论的基础。在我看来，这当是由于利息理论方面的发展迄今所存在的欠缺情况。经济学家一直不倦地在提醒着他们的学生，认为货币与实物资本不是一件东西，资本的利息与货币的利息性质上有所不同。但一等到将这类观念加以运用时，就有如约翰·穆勒(J. S. Mill)所说的，几乎无例外地"将两者混淆起来造成无法解决的混乱"(而穆勒在论证时[①]虽然竭尽努力，结果是显得更加混乱)。

直到关于资本的真实原理，靠了哲逢斯(Jevons)的天才，像他在《政治经济学原理》[②]里所写的，靠了庞巴维克在他著名的《资本

① 参阅《政治经济学原理》，第3卷，第13章"关于利率"部分。

② 我们在下面可以看到，他的早年著作还是完全根据旧观点的。

实证论》里使之获得充分发展以后,方才有可能对资本与利息的现象作出这样的观察,那就是在纯粹想象的假定下,没有货币或信用的居间,它们可能发生的情况。同时在出现货币以后将发生的变化,由此也显得清楚了。这些变化是根本性的。那些"货币只是资本形态之一",贷出货币无异是"用货币形态贷出实物资本商品"等等的说法都是不正确的。流动的实物资本(也就是物品)是永不贷出的(即使在简单的商品信用制度下),贷出的是货币,这项货币是卖出了商品资本去换来的。

迄今止,还无法使货币利率与假定将实物资本用各种物品贷出时的供求下所决定的利率彼此完全一致。实物资本的供给是受纯粹的物质条件所限制的,而货币的供给在理论上是无限制的,即使在实际上也是有相当伸缩范围的:在一定时期内,同一宗货币几乎可以经过任何多的次数贷给不同的个人或贷给同一个人。[①]

但是,这是完全肯定的,货币利率迟早总要与资本的自然利率趋向一致。换句话说,货币利率的高低,最后只是由实物资本物品相对的过剩或不足来决定的。严格说,这一点在我看来似乎是很难说通的,除非能作出这样的假定:即两种利率之间的持久分歧将引起商品价格变化,这样的变化将继续不断地演进,因此在货币制度的实际情况下,贷款利率迟早总是要向当前的资本的自然利率水平看齐的。

关于这一论点,可以参阅巴师夏(Bastiat)和蒲鲁东(Prou-

① 即使在商品信用中,情况显然也是这样的。一个贷出者不能供给比他实际所有更多的物品,但是他能供给任何数量的货币——实际上他所供给的恰恰就是借入者对物品所约定支付的数额。

dhon)的著名的通信，其中谈到“信用的无偿性”(gratuité du crédit)的部分(新近由慕尔堡[Mühlberger]用德文出版)[1]，我认为对这一论点没有比它更好的说明了。

不但蒲鲁东，就是他的对方，持着相反论调的巴师夏(像巴师夏很清楚地在第六封信里所说的)[2]，也抱着这样的见解，认为假使允许银行在发行纸币时可以无须具有足量的硬币准备，它们就可以在相当程度上减低贴现率；而在自由竞争的情况下，这就是他们所要做的。关于这一点，拿我们的情况和“信用的无偿性”里所说的相比较，其间的距离实在“间不容发”。无论如何，我们总可以很容易地想象到这样一个局面：那时信用制度是这样的发展，以致银行所需要保有的现金以及其他费用减到了最低限度。于是根据这一见解，货币利率就几乎可以减至于零，而实物资本数额却未曾有任何增加！然则许多经济学家，巴师夏他自己也绝不例外，关于贷款利率在经济学上的依据及其必要性，关于利率的被资本供求关系所决定，在这些方面所提出的一切理由，又将怎样解释呢?!

这个矛盾是容易解决的。这里只须作这样的推论：货币利率如果经常与资本的自然利率分歧，低于自然利率，则不仅将促使价格上涨，像巴师夏他自己所主张的那样，而且将使其继续不断地上涨，无限度地上涨，因此使银行迟早要提高它们的利率；当货币利率高于自然利率时，相反的情形也可类推。同时，从整个世界范围来看，这也是很清楚的，假使所有的银行行动一致，这就没有理由

---

① 《资本与利息，巴师夏同蒲鲁东的辩论》，古斯塔夫·菲歇尔(GustavFischer)著，耶那，1896年(《利息与本金》，巴黎，1850年的译本。——原译者)。

② 同上书，第209—211页。

认为货币利率向自然利率看齐时会发生任何急遽的变动，而这两种利率的分歧，在价格上发生着相当的影响，可以坚持一个相当长的时期。于是发生了这样的问题，对于一切可以察觉的价格变动，这是否是一个恰当的解释呢；这我将在下面试图证明，所有别的解释都是在逻辑上站不住脚的。

货币的存量增加或相对减少时，必然驱使价格上涨或下跌，由于它首先对利率发生相反影响，这是对的，数量论在这一点上是正确的。但是货币状态只是情况中的因素之一，无论如何，假使所说的这个时期是不太长的话。还有一个因素往往是更加重要的，那就是资本的自然利率本身的独立变动，它必然，但一般只是逐渐地，使货币利率跟着它起相同的变动。

这样就圆满地处理了向来对数量论所持最有力的反对意见，从而使这一理论与观察到的实际现象——当价格上涨时极少见到利率下降或趋向下降，最常见的倒是利率提高或趋向提高，而价格跌落时利率则跟着下降——完全协调。

这里所说的虽然显得很简单明了，可是在作进一步深入探讨中却遇到很大困难。在进行的道路上差不多每一步都要遇到相反的意见，这些意见有的不只是一般人，就是在专家中也有极深的根源；或者是在探讨中所获得的结果，乍看起来好像是完全自相矛盾的。对于这一些困难，我总是忠实地对待，绝不用冗长的浮词来希图曲解。但是我感到如果能假我以更多的时间，或是在文字表达上我能有更好的技巧，那就可以使事体简单得多，谈得更加直截了当，具有更大的说服力。

最糟的是，要用实际经验来联系理论作进一步严密的考察，还须有待于后来。在这方面我所能做到的，已在本书第十一章里做了一点，还远不能认为足够。这些细致的调查研究工作，为什么对我是一件非常困难几乎不可能办到的事，我在那一章里作了说明。任何理论，无论怎样言之成理，倘未能经过实践的完全认可，就只能算是一个臆想的空论。我不想妄称我的研究比空论要高一等。但是这一研究的结果，如果经最后证明为正确的话，我相信对于它不仅在理论上而且在货币实践上的重要意义，我并没有作过高的评价。

关于货币价格的平均水平以及加以衡量的可能性这些方面的概念，我只是开始作了初步的叙述。我并不以为通过这些叙述，对于这类被辩论得很激烈的问题已作了彻底研究，但希望对于问题的澄清或者可有所贡献。[①]

为了使用本书时的方便，书内的一部分文字系用较小的字体刊出。这类用小字刊出的部分，特别是在初次阅读时，可以略去，并不妨碍文章首尾的连贯。本书第九章全部也属这一类，在这一章里，我试图在某些臆定的基础上对一些理论作了更加有系统的说明。在那一章开始时，有一段关于庞巴维克的生产理论（他的工资基金论〔wages-fund theory〕）的叙述，这好像是多余的，因为我并没有直接引用它。所以这样做，只是由于我为了简化起见，对生产时期曾假设了一个不变长度（等于一年）。同时我至少想说明怎

---

① 在这里我提一提埃奇沃思（Edgeworth）的值得称许的论述“衡量一般价格变化的若干新方法”（《皇家统计学会杂志》，1888 年），这我在别处未及提到。对货币购买力的合理的定义，我在第二章最末一个附注里将这见解归之于帕累托（Pareto），实际上似应归之于埃奇沃思。

样可以把这个限制撇开。庞巴维克的学说所以有用，原因就在这里——实际上这是关于资本利率、工资和租金的量，关于资本家、工人和地主之间对最后产物的分配等等作合理解释的唯一经济理论。

我在这次研究中几乎没有使用数学方法。这并不是说我对于这一方法的适用和有效已经改变了原来的看法，而只是由于感到我的论题还没有成熟到可以使用这一精密方法。在政治经济学的大多数其他范畴内，关于此一或彼一因素在经济过程中的反应，至少其方向是一致的；于是第二步就有必要从事于精确的数量关系上的探讨。但是关于本书所集中研究的主题，还存在着正反两方，还在热烈地争论中。比如当信用趋于松弛时其对于价格的影响这一问题，所有三种可能的不同意见，在第一流作家那里都存在着：一说价格趋涨，一说并无影响，一说（像杜克就是这样）价格趋跌。就这些不同意见中，我若果能导引读者趋向于其中之一，那将使我感到我已有了足够的成就。

另一方面，我在一个附录[①]里列入了一段贝努利（Bernouilli）法则，也就是所谓大数法（Law of Large Numbers）的数字例证，用来论述现金准备量的幅度以及货币的流通速度。关于机遇法（Probability）的理论——上述的杰出而重要的法则就是由此推演出的——要采用一种使非数学家也可问津的方式，就我所知是无法办到的。我就这样进行了推论，但只限于在尽可能简单的情况下，这在大部分场合也还是适用的。

① 译本内未列入。——原译者

我并不担任教授职务，因此只是在特别补助下，才使我有可能进行科学研究工作。首先我要向罗伦基金团(Lorén Foundation)的当局表示深切感谢，他们第三次给了我慷慨补助。

还有使我感到特别愉快的，是应向瑞典政府对我这一工作所给予的补助表示敬意。

北勒斯劳(Breslau)的鄂图·谷次拆(Otto Gutsche)先生再一次对原稿的文字方面作了仔细审查，由于他亲切的指示，还使我得以注意到原稿里对某些要点的疏忽和不够明朗的地方。

纳特·魏克塞尔

1898年1月乌布萨拉(Upsala)

第一章　绪言

当一般价格水平发生变动时，必然激起极大的关切。变动的起源往往暧昧难明，而对于国家的经济和社会生活则势必发生深刻影响。

由于生产条件和技术进步的变化，各个种类的商品的交换价值发生相对的变动，是一个必然而且显明的结果。由此对各个生产和消费阶级所造成的损害，可以由于需求的变化，或由于资本、劳动和土地从盈利已经较少到盈利变为较多的生产范围的移动，在不同程度上获得调整。

但是当全部或大部分商品的货币价格上涨或下跌时，那情况就不同了。这时就不再能通过需求的变化，或生产因素由生产的这一部门到那一部门的移动，来进行调整了。这时的转变将迟缓得多，在不断困难下进行，而且永远不会完成；因此总有些被社会处理失当的残余部分，暂时或永久地遗留下来。

价格普遍上涨，对于那些固定的货币收入者自然是不利的（现在的情形是社会团体，也就是说这样的社会阶层正在不断增加）；对于那些用种种方式贷出货币资本，由此获致其全部或大部分收入者，也是不利的（像这样构成的一个阶级，自然不只是限于真正资本家阶级）。只要当利率的相应提高不能与货币购买力的降低相抵消时,情形就不免是这样。最后,价格的普遍上涨,对于劳动者,在他们对工资的相应提高还没有强制执行的权力时,也是不利的。但不要忘记,工资的提高也可以是价格上涨的前驱,成为涨价的直接原因。这诚如以下所将提到的,凡价格水平逐渐而坚稳地提高时,这样就是最有可能的演变程序,这与由投机性的收购之类而引起的偶然变动是相反的。由此可见,倘没有作进一步的适当补充,而贸然将价格上涨说成是对劳动者足以造成普遍损害是不妥当的。另一方面,价格的上涨趋势对企业精神无疑地是一种鼓舞;不过这一优点也许往往是徒有其名的,因为最常见的是一些不健康的投机活动,往往在这时来结合在一起,它所根据的是纸上的繁荣而不是确实的经济事实,以致结果引起信用过度扩张、信用混乱和危机。

当一切商品价格持久地下跌时,大都认为其危害性也并不小。在工人方面,诚然,用同样的工资可以换取较多的生活必需品,但这一优点往往被由于价格下跌所引起的其他结果所掩盖。企业瘫痪了,结果是失业增加,工资降低。还有一层,低的价格水平往往是工资在先降低的结果;这样,低价的影响,除与低工资相抵消外,显然别无其他作用。最后还有一点,也许是在这方面最重要的:当价格低落时,直接或间接课税对工人及一般小市民的压力将更加沉重。政府及市府官员的薪金是不大会随着生活费用按比例降低的。国家的债权人,和一切别的债权人一样,这时要求着与以前同样的利息(货币换算方面的可能变动除外),那就是说,它的债权人如果大部分在国外,整个国家的负担将相应地加重。而且尽管价格在下降,如果国家(或市府)仍照原来水平征收租税和其他收入,这就大都带有一种诱惑力，使政府或多或少地倾向于浪费，很少遇到充分有力的抵抗。

的确，在有些情况下，由于价格水平提高或下降的结果，某些特种事业会获得很大利益。但如将有利和不利的两方面相互比较加以估量时，则毫无疑问，后者总是占优势的；这不但是因为对社会机构的任何扰乱，它本身就是一个祸害，而且因为个人收入偶然或意外的增加及由此所获得的好处，其严重意义是远远不能与由于相等幅度的收入意外减少所蒙受的损害相比拟的。

但有一种流行很广的信念，以为最理想的情况是让价格作和缓而坚稳的上涨。的确有许多人，对于若干世纪以来货币价值的减低看作是上帝的主宰，认为上代不负责任地借债，加重了子孙的负担，其及于现代的不幸后果，由此得以轻减；不过对于过去那些政府赞助上帝意旨，使货币贬值的贤明措施是有着不同意见的。这些姑置之不论。由于现代人们所信赖的，已不再是自然势力的恩惠，而是自己的力量和远见，所以对于过去所造成的错误以后怎样挽救，当然已不需要像前人那样的特别重视。还有一层，价格的逐渐上涨，假使要使它依据一个大致已经拟定的计划进展，也就是说对价格的涨势可以在事前有把握地加以估定的话，那就必须在一切商业契约里将这一点计入；结果势必使这一假定是有利的影响减到最低限度。倘有人宁愿价格水平不断上升而不愿其稳静不动，这就有力地提醒了另一些人，使他们为了更加有把握地赶乘上火车而故意将表开得快一点。但是要达到这一目的，他们对于自己的表走得快些这一事实，必须是不自觉的，一直不自觉的；不然的话，他们习惯地把这额外的几分钟计算在内，那就不管用什么伎

俩，毕竟还是要迟到的。

这样说，我们对于未来的价格制度，若果有加以规定的充分权力，则为了各种事业团体绝大多数的共同利益，最理想的局面，无疑地，将是在不干预各种商品相对价格必然变动的前提下，使货币价格的一般水平——这一概念的确切意义随后还要谈到——完全平静稳定。

然则这样的规定为什么不包括在实际政治的范围以内呢？按就相对价值而论，这已如前述，其变动决定于自然的原因，这些原因，有一部分是全非人力所能控制的。使用关税、国家津贴、出口奖励等类办法，来试图部分地变更相对价值的自然秩序，其结果必然使社会受到若干损害。这样的尝试，必须认为是违背情理的。在另一方面，所谓绝对价格——货币价格——经最后分析，纯是一个习惯问题，决定于**价格标准的选择**，这是在我们自己的权利以内所能决定的。然而这样的选择，多少也还是要受到某些自然条件所制约。这里只须提一提我们在铸造钱币时，好像是有些外界因素迫使我们采用了贵金属，在现代特别是黄金，作为铸币的材料。但这些自然条件根本只是属于次要地位，或者说得更确切些，把它们看作超过次要地位是绝对不妥的。因为人类是自然的主人，不是奴隶，而涉及货币问题这样一个非常重要的范畴时，情形就更加是这样。

关于如何实现人们对价格制度的上述的这样一种理想，迄目前止，成就还很少。货币理论及实践方面的进展，对于如何使标准价值和价格能达到想象的稳定这一点还很少贡献。这一方面的失败，可以从前一世纪，特别是其后半期的物价历史获得充分证明。

诚然,自上世纪中叶到约1873年这一时期间一般价格水平(以金计)的上涨,和接着自是年起直至今日[①]这一时期间的下跌,其涨跌的实际幅度,以及交换价值或货币购买力相应变化的幅度,各方面有不同意见。这是很容易理解的。首先,这些价格变动并没有在不同国家中均等前进的理由。实际上由于种种原因,在下面还要谈到,这种变动必然是不均等的。(绪尔伯克〔Sauerbeck〕与索特贝尔〔Soetbeer〕所制的物价表,双方所以微有分歧,这在绪尔伯克自己也曾指出的,也许就在这里可以得到解释。)[②]其次对于平均价格水平这一概念,要给以明确意义,是有不小的困难的。最后,究竟哪一些价格应该包括在内,还没有一定准绳:是像一直惯常所做的那样只包括批发价格,还是也包括零售价格呢;是只包括商品价格,还是也包括劳务价格,特别是劳动者的工资呢;等等。对这些问题,在下一章里将试作一简要答复。

虽然有这许多不同的意见,而且一向所使用的方法也不能说绝对无可非议,但对其主要结果的实际准确性还是无可怀疑的。在历史的早年时期,特别是在个别国家里,价格的相当或较猛烈变动,这类例子是极多的。但是应该记得,那时还盛行着自然经济制度,它比现在的情况要广泛得多——在广大范围内,那时它在私人经济以及公共经济中还占着统治势力。那时贵金属,或货币的相对价值虽然变动很大,但是所发生的影响,比现在纵然是极微小的价格变动所发生的要小得多,因为现在的货币制度(就这一名词的

① 1898年。——原译者

② 参阅1895年及1896年《经济杂志》里的讨论。

最广义说，包括信用制度）差不多已是属于全体的。

前已述及，就当前的经济发展情况来说，要用一个不变的价值尺度来防止这些纷扰，不能认为是不可想象的。可是这个问题在理论上的困难却远远超过实际。首先需要明确什么叫做货币购买力，其次是怎样加以衡量，至于其价值变动的原因也须有一个明确见解。然后就不难找到实际方法，使理论上的判断转为适当的措施。这里所提到的两个理论上的问题，其中第二个，即怎样衡量货币购买力，是比较困难得多的问题，我们将予以主要的注意。但我们首先将试图对第一个问题，即货币购买力的意义，作出一个尽可能明确的答案。

第二章　货币购买力与平均价格

如果在时间的两个不同定点之间，一切商品都丝毫不爽地按着同样比率上涨或下跌，则我们说货币对商品的购买力按着同样比率提高或下降了，这样的说法是完全正确的。但这样一个情况大概是从来也没有的。因为即使可能有一种普遍力量，对一切价格起到同一方向的作用，预计可以引起完全一致的变动，但往往还会有由于生产和消费情况不断变化所形成的别的力量，同时在活动，结果必然促使相对价格作不同方式的变动。最后的结果是，有些商品价格比别的有了较高的涨势，有时甚至一种或多种商品价格下跌，而其他则上涨。

我们总是可以这样说，对商品的货币购买力的真正变动，必然在于所有各种价格变动中两个极端价值之间的某处。但是在实际进行时要觅取一个比较精密的、使人无可辩难的方法，就成为很困难的问题。

这一点大致是清楚的，也是现在一般所公认的，就是说，要获得满意解决，必须注意到货物实际交换的量，易言之，即各类不同商品的不同经济意义。如果这一点没有做到，则平均价格的整个问题就显得模糊不清；而采用通常所习用的方法时，在某种情况下，还可能导向相反的结果。这可以很容易地举例说明：

为简化起见，这里所考虑的只限于两个商品或两个种类的商品。这些商品在某一时间定点的价格（指数），兹按惯例以 100 表示。然后在另一稍后的时间定点，假定商品 A 的价格涨高了一倍，其指数变为 200，而商品 B 的价格下跌了一半，因此其指数只是 50。依照习用的方法，利用算术平均数演算，这两种商品的总指数或平均价格，应为$\frac{1}{2}(200+50)=125$；表示平均价格水平上升了 25%。

但是我们同样也可以从后一个时间开始，将这一个时间的价格以 100 表示。如此这两种商品在前一个时间的指数将分别表示为 50 和 200，总指数则为$\frac{1}{2}(50+200)=125$；于是所得到的结果与上一节所得出的相反，即在所考虑的期间，平均价格下降了 20%。

这里所犯的错误不在于采用了算术平均数，而是在于，如前所述，没有考虑到商品的数量。确定指数的通常方法所以有其真正意义，只是在于假定这一指数适用于这样一些数量的商品，这些商品的每一种，在采用为基期的那一个时间，得以用等量的货币（比如 100 万马克）购得。如果在后一个时间定点，这样一个商品组合，譬如咖啡 a 公斤＋糖 b 公斤所值的是 200＋50＝250 百万马克，而不是像上面所说的 200 万马克，则毫无疑问，可以说它们的价格，也就是说在那个程度上两种商品的平均价格，是上涨了 25%。另一方面，如果将在后一时间定点的那些价格，每个均以 100 表示，那我们实际上就必须事先设定一宗不同的商品组合，譬如咖啡$\frac{1}{2}a$公斤＋糖$2b$公斤——这就是100万马克可以购得的数量；由此可以显然看出，这样一个商品组合的价格，在所考虑的期间并没有上涨而是下跌了。

哲逢斯所介绍的方法　采用了几何平均数，它有一个形式上的优点，不论向前或向后推算，可以获得同样结果。这一点固然应该肯定，但在别的方面，这一方法是完全武断的。它完全不顾到各种商品的数量，这样在某种情况下，或者就会产生不可能有的结果。有些人主张采用所谓调和平均数(harmonic mean)，但比较通常所使用的方法，也并没有什么实际优点。（如所周知，这个方法须引用价格的倒数的算术平均数，然后再度使用倒数；换句话说，它所运用的不是商品单位的货币价值，而是所谓货币单位的商品价值。）假使不顾到实际消费的数量，则这一方法正同别的一样，将导向不可能有的或相矛盾的结果。

如果要确定在一个经济系统中实际消费数量的大概价值是可能的话，则不难获得价格的平均水平上升或下降——也就是货币购买力减低或增长——的尺度。但要做到这一层，则在对比的两个时间定点内，这些数量必须假定是相同的，或者是按着同样的比率变动的。就上述前一个情况而论(后一个很容易由此类推)，对于前一个时间定点的商品数量，其每种商品各以习用的单位相计的，试以$m_1, m_2, \cdots$表示，其每个单位的价格以$p_1, p_2, \cdots$表示，对后一个时间定点的单位价格则以$p_{11}, p_{22}, \cdots$表示。那么于解答x时其公式为

$$(m_1 p_1 + m_2 p_2 + \cdots) : (m_1 p_{11} + m_2 p_{22} + \cdots) = 100 : (100 \pm x),$$

由此可以毫不含糊地求出平均价格水平上涨或下跌的百分率。

一般地说，在两个时间定点内，特别是当两者相距很远的时候，由于实际消费商品的复杂，其商品组合的内容往往是全然不同的。

当发生这样的情况时，我们的问题事实上就无法解决，或者更恰当些，是没有足够的资料以资解决。这就直接证明，在所述的这两个时间内所消费的是不同的商品，比如以肉类为主的食品代替了以菜类为主的，小麦代替了裸麦，茶和咖啡代替了酒精，石油代替了木柴和油。要确定这些食料、饮料、燃料及照明材料在若干年的过程里是贵了些还是贱了些，单知道各种不同的价格是不够的。最低度必须做到对各种不同商品，能就其营养价值、口味、燃烧价值各方面加以比较。

这一点雷厄(Lehr)说得很对(与德洛比歇〔Drobisch〕相反)：两种不同组合的商品，其数量不能直接加以比较。① 然而雷厄对于他自己所已经承认不能解决的问题，却去试图解决。要这样做，自然须在采用新的和主观的假定下方才可能，其结果有时与事实尚能大致符合，而有时则与事实直接矛盾。

雷厄采用了所谓“满足单位”(unit of satisfaction)这一概念，它的含义是指一个指定商品，可以平均地在某一时期内，用货币的一个单位(比如一个马克)购得的那个数量。仍用上面所用的代号，将后一个时间定点所消费的数量作为 m_{11}，m_{22}，…。这就很容易地看出，对于商品 A 这样一个满足单位的

① 《对价格统计的贡献》(美因河边之法兰克福〔Frankfurt a/M〕，1885 年)。这里我引用了林最(Lindsay)的著作。林氏在他的《1850 年以来贵金属价格的变动》(耶那，1893 年)里，对于有关衡量平均价格水平问题的各种方法，作了相当完备的编述；但他对于各种方法的意见，我不能在每一点上完全同意。

量可以近似地表现为$\frac{m_1+m_{11}}{p_1m_1+p_{11}m_{11}}$，商品B为$\frac{m_2+m_{22}}{p_2m_2+p_{22}m_{22}}$，余类推。在前一个时间定点所消费的商品A，其满足单位数为

$$\frac{m_1(p_1m_1+p_{11}m_{11})}{m_1+m_{11}}$$

（即以一个满足单位的量除数量m_1），至于在后一定点时间，其数为

$$\frac{m_{11}(p_1m_1+p_{11}m_{11})}{m_1+m_{11}}。$$

商品B的情况相类，余类推。最后我们得出在前一个定点时间一个满足单位的平均价格的量是

$$P_1=\frac{p_1m_1+p_2m_2+\cdots}{\frac{m_1(p_1m_1+p_{11}m_{11})}{m_1+m_{11}}+\frac{m_2(p_2m_2+p_{22}m_{22})}{m_2+m_{22}}+\cdots},$$

即以被消费了的满足单位总数除货币支出总数。同样地，在后一个时间定点

$$P_{11}=\frac{p_{11}m_{11}+p_{22}m_{22}+\cdots}{\frac{m_{11}(p_1m_1+p_{11}m_{11})}{m_1+m_{11}}+\frac{m_{22}(p_2m_2+p_{22}m_{22})}{m_2+m_{22}}+\cdots}。$$

于是P_{11}与P_1的比例，即假定为足以表现介于两个定时之间那一段期间所发生的价格的平均上涨或下跌。

林最[①]认为这个公式　就一切合理的需求而言是正确的、适用的，但也表示反对，认为它“包含太广”，它“同时对消费的变动也要加以衡量，而这并不是问题中的一部分”。这样的反对意见在我看来既不正确也实在欠明朗，因为消费的各种的量在这里并不是加以衡量或推论，而只是供作算出价格变动的必需资料的一部分。但林最何以能接受这个公式，我感到很难理解。在我看来，推论的结果，不得不认为雷厄的方法在理论上是站不住脚的。这个方法在某种情况下，可能导致完全反常的结果，这可以从下面一个例子证明。

① 据前引著作。

假定在经济系统中某一个时期，由于小麦的价格高，制面包时差不多完全改用了裸麦。过了一个时期，裸麦价格跌落了10%，而小麦却跌了25%，由于这样变动的结果，这时制面包就完全仍用小麦，几乎不再消费裸麦。假使用雷厄的公式来确定对面包的货币购买力的变动，则显然必须使 $m_1=0$，$m_{22}=0$（以小麦为商品 A，裸麦为商品 B）。于是

$$P_1=\frac{p_2m_2}{p_2m_2}=1,P_{11}=\frac{p_{11}m_{11}}{p_{11}m_{11}}=1。$$

因此

$$\frac{P_{11}}{P_1}=1。$$

换言之，即结论是面包原料的平均价格完全稳定不变。但这样的结论不可能正确，因为两种原料均经假定是跌了价的。（关于评价的正确方法下面将述及。）

在这样以及相类的场合，最紧要的是将已知的与不知的或不可知的划分清楚。假使在两个时间定点所实际消费的数量是知道的，这就可能从前一个定点时间的消费开始，从而计算，倘每一种组合商品都按照后一定点时间的价格购买时，相当于这个组合商品的费用是多少。这时如采用上面的公式（上面解答 x 时所用的公式）显然可供作平均价格水平所发生的变动的一个尺度。其次，就适合于后一定时的数量，m_{11}，m_{22} 等，按照前一定时的价格，计算出这个组合商品的费用也是可能的。其间的关系

$$(m_{11}p_1+m_{22}p_2+\cdots):(m_{11}p_{11}+m_{22}p_{22}+\cdots)=100:(100\pm x)$$

表示对变动有了不同的尺度，但就其本身说，还是很自然、很可靠的。

假使这两个比率是几乎相等的——按这是常有的情况——则

我们可以合理地把这个相同的数字作为变动的真正尺度。否则,假使所得出的结果存在着巨大分歧,那在我看只有就让它这样。为了实用起见,或者可以采用两个数字的某种平均数——最简单的是算术平均数——但这样将带有纯粹主观主义。总之,这些资料已不够适应需要。这就应该对各种不同商品以及其对于社会各个成员的相对重要性作进一步深入研究——在这样的分析比较可以做得到的限度内。

就上面所举的例子说,假使我们从前一时期谷类的消费开始,这时所消费的谷类全部为裸麦,我们的结论是面包原料的价格下降了10%。这个数字是谷类在实际上降低价格的最低限度,那就是说,当社会成员即使仍然是裸麦的消费者时,这个数字还是适用的。但是如果没有什么经济上的优点,则转变到小麦的消费是不会发生的,这就可以断言,由于价格变动,消费者实际上所得到的利益还要大一些。另一方面,假使我们按照后一时期的消费来计算,那时所购买的只限于小麦,我们的结论是价格下跌了25%。但这是超过面包原料实际跌价程度的,因为对谷类的消费,在前一时期并不是小麦而是裸麦,而在那个时候裸麦的价格是比较低的。由此可见,面包原料的真正跌价程度是在10%到25%之间的某一点。要作更切实的确定,那就须从两者的营养价值等方面来比较。例如,假定经查明由于具有较高的营养价值等,在大多数消费用途方面,小麦胜于裸麦10%。假定前期裸麦的价格为200马克,后期小麦的价格为187马克,那就很简单

$$\frac{1.1\times200}{187}=\frac{100}{100-X}.$$

因此 X 等于15,即真正跌价的程度为15%,而以上面所决定的两个限度价值用算术平均数计算时,则其跌价程度为 $\frac{10+25}{2}=17\frac{1}{2}\%$。

显然,像这样将一种商品化为另一种商品关系的做法,至多只能算是一

种简单粗糙的方法，有时是完全行不通的。

现在我们要接触到一个几乎同样困难的问题，那就是在考虑平均价格水平或平均货币购买力这一概念时，究竟应该包含哪些对象的问题。乍看起来，无论如何，从理论观点出发，凡是在交换时须通过货币接受的一切事物，好像都应该包括在内。这将有如华塞腊伯(Wasserraab)①所说的那样“不论是贸易物品或不动产及住宅，或者不论是任何种劳务，其等值货币的支付形态是按日的或约定的工资、薪金、费用或酬金，或其他方式的价格(例如运输业中的水脚或搬运费或行政项下的租税等等)并无分别，一概都是”。照这样做的话，姑且不论在实际上的困难(这固然也未尝不能克服)，倘对问题作这样广泛的处理，是否会离开目标过远，或将涉及一些并无关系的因素，似乎也很可怀疑。

另一方面，有些别的作家，例如包厄兹(H. H. Powers)在评论欧文·费雪尔(Irving Fisher)的《价格上涨与利息》(《美国学院纪录》，1897年1月)时，认为这是很明显的，唯一能认为重要的是现实商品(实际上只是那些批发商品)的价格变动的确定，因为企业家以及使用信用的其他大户，他们在经营时为盈为亏就完全决定于这些方面。但这样也似乎向相反的方向走得太远了，因为受到货币购买力变动的影响的，除了企业家的利益以外，还有别的方面的利益。

我们所真正要晓得的是“生活”——普通消费——变得便宜些了呢还是贵了些。这是确实的，在这方面的消费不仅包括在严格意义下的商品，而且也包括劳务，甚至资本的使用——但是应以直

① 《价格与经济恐慌》，斯图加特(Stuttgart)，1889年，第75页。

接参加消费的部分为限，例如家庭服务、住宅等。否则，假使在产物的价格以外，将各项生产因素——不论是劳动或土地劳务或资本使用——的价格，或将资本物品本身（如房屋、基址等）的价格也网罗在内，结果或陡然增加了无谓的重复计算，或甚至导致错误的结论。

比如工资，假使与商品价格按比例提高，则其高涨——不论把它当作一个起因或结果来看——一般可视为价格上涨的自然结果。假使工资上涨超过了价格上涨，那么其意义倘不是劳动本身的生产能力有所提高，就是工人在生产中所获得的部分，与土地所有者或资本家比较时，有了相对的增加。但是只有当一般工资水平影响了直接参加消费的那些劳务方面的收益时，这才会对消费品方面的货币购买力有所影响。

同样地，土地的价格或其资本价值，在别的方面没有变动时，将与农产品价格作相应的改变；否则必有这样或那样的原因，使实际租金有了变动。这并不影响一般的生活费用，除了当都市地租上涨时往往会使房屋租价跟着上涨的那个限度以外。但是前者已包括在后者之内，因此不需要再特别予以考虑。

诚然，由于房屋及基地买卖的活跃加强，或工资、股利、租金等支出数额提高，对货币的需要增加，因而可能引起货币价值变动。但这完全是另一个问题。（当同一商品在达到消费以前须经过多次转手，像经济恐慌时往往会发生的那样，也同样会使货币需要量增加。但在计算总指数时，并不需要将全然相同的商品，按其买卖次数逐次累计。）

所以以我看来，在观察和衡量一般价格水平时，比较最完善正确的处理，[1]似乎应以计算(直接)消费的对象为限，但在这个范围以内，应尽可能求其详备，除商品外，还应将房屋租金、某种劳务以及相类事物包括在内。如果同样的货币收入，在两个不同的时间定点，对营养、衣着、居住、娱乐、旅行、教育等等需要所满足的程度相等，那么与"货币购买力保持不变"的普通习惯上的说法是相符的。这时，即使由于利率降低或相类原因，使有价证券或基地的价格上涨，或者即使工人获得了比前较高的工资，情况也还是这样。

相反地，如果房屋租金或直接劳务费用有了提高，即使现实商品价格没有上涨，人们也一定要说东西变得贵了，也就是说货币购买力降低了。

我们将问题归纳到这样的范围时，这就几乎没有必要再说明，那些处理平均价格的通常方法和我们在这里所要求的要有一个恰当计算的情况，是相差得多么远。这些方法大都只能适用于批发价格。这就是说，原料和半成品势必部分代替了消费制成品。劳务和资本使用方面全被忽视，而不同商品相对的重要性只是在一种极肤浅的方式下被计及。但我们不要忘记，这些核算工作的主要目的只是在于确定物价波动这一争辩得很剧烈的事实。我们应当感谢那些少数学者的辛勤劳动，他们在工作时所凭的只是有限

---

① 关于帕累托(《经济学教程》，第 1 卷，第 264 页起)的见解，似乎应该提一提。他认为所谓货币购买力，其真正意义应该是用货币的一个额外单位所能易得的"抽象的边际效用"(abstract marginal utility)。因此这个量对两个人或社会的两个阶级来说绝不会是相同的，而是按照他们的财富变化的。同样的道理，比如在国家财富增进的时候，即使一切商品价格完全没有变动，但仍须认为货币购买力是在下降。这种说法与一般习惯很不相容。然而对货币价值作这样的定义时，根本在理论上受到的反驳应该是最少的。我承认，我对这种说法的实际效用，还不敢轻下断语。

的工具和原来完全是为了别项目的而搜集的资料，这些资料在很多方面是并不完备的。在这方面，有些人如索特贝尔与绪尔伯克的劳力，绝不能认为是浪费了的。的确，像帕尔格雷夫（Palgrave）和还有些人所完成的综合核算证明，即使将商品数量加入，对最后结果也并不能获致如所想望的实际改进。

但一旦既已为多数所承认，适当地选择和处理价值尺度，结果可以获致稳定的价格水平和不变的货币购买力；那么对平均价格水平作更加精确得多的计算，就成为十分必要的了。我们把目标既定得这样高，实现的方法当在于正式统计的适当发展。

所以我们对于足以影响货币价值的**原因**以及**调节**货币价值的有效方法必须获得一个明确见解。这就是我们所要进行研究的问题，也就是以下几章的题材。

第三章 相对价格与货币价格

在价值理论的范围内，现代研究对于商品的交换价值或相对价格（relative prices）的起源和确定，作了很多说明。但遗憾的是，在货币理论——货币价值和货币价格——方面，却未尝直接有所推进。

诚然，有许多关于价值理论的著名作家，例如哲逢斯、华尔拉斯（Walras）和孟革（Menger）对有关货币的问题作了相当深入的研究。但是他们对于这类问题的探讨大都是蹈常袭故的。比如华尔拉斯的论述，除了对下面还要讨论到的数量论数学上的见解外，根本没有别的：对数量论本身并没有什么实质上的发展或扩充。在多数有关价值理论的著述中，对于货币价格的本质和起源的问题，几乎是完全略而不谈的。

但这是并不足怪的。因为相对价格的整个研究，以边际效用（marginal utility）这一概念为依据；而在确定平均价格水平时，因此也就是在确定货币价格的实际水平时，则实际并不关涉到或只是很间接地关涉到这一原则。

为了澄清这一点，兹试将现代价值理论的主要结论作一极为简单扼要的叙述。

在公开市场中的自由交换，是受着商品的交换价值及其边际效用之间一般的比例适应法则（law of proportionality）所支配的。

边际效用就是所获得或售出（也就是所交换）商品的最后单位的效用；或者说——结果是一样的——是商品任何单位所受到的最低急需的力；或者说（仍假定是极小的单位，那就是说完全可以分割的商品）是商品的一个追加单位（additional unit）在获得或保有时——但实际上依然是未实现的——所将受到的最大急需的力。

当每个人在从事于交换时，相对的交换价值和在交换中所授予或接受的最后单位的效用，这两者之间这种比例适应性的存在是极为明显的。根据经济学原理，当在交换中所获得的商品，超过所授予商品的等值时，只要是在这样但也不过于这样的情况下，每个人就有继续进行交换程序的倾向。

但基于这一原理，并不是说边际效用彼此之间的关系，就一定适用于在交换中所授予的商品的全部数量。这一点多少是出于哲逢斯所说的中性律（law of indifference）的推断。根据这一规律，在买方与卖方之间竞争广泛并且充分尖锐的公开市场中，能够支配任何商品的只有一个价格，与其他商品交换时只有一个比率。

这一规律对两个或少数个人之间孤立的交换（isolated exchange）并不适用。商品的相继部分可以在不同价格下进行交换。由于这个缘故，在孤立的交换中，相对价格的问题是难以确定或不能充分确定的；随着从事于交换的各个人的计算能力、冷静态度等等的不同程度，商品相互交换的平均比率可以在广阔的范畴内达到任何境地。

诚然，如果某种商品的所有人为了要抬高价格，在公开市场中暂时观望不前，这就很容易发生这样的情况：其中的若干人可以将他们的全部存货（或者是他们所愿意售出的那些），按照高于他们在开始时所索取的价格脱手。这时买方比较急切的需要已经获得满足，结果这种商品的其余所有人对其存货的大部分，最后不得不听任其在低得多的价格下出售。同样地，如果买方为了压低价格，暂时观望不前，就很容易发生这样的情况：部分的购入者可以按较低价格满足他们的全部需要。但卖方的存货这时已大部分出清，则其余的买方，最后势必付出相应的较高代价。

由于卖方中间和买方中间双方进行着竞争的结果，每一商品大致上划一的价格随即会弥漫市场。这就是供给和需求恰好相平衡时的价格。这样的平衡，只有当边际效用同每个商品和参与市场的每个人相关的价格（交换比率）相比例适应时，才有可能。

假使要考虑到较长远的时期，这种供给和需求之间的均衡就要让生产和消费之间的均衡来代替了。这是一定的，一件商品的价格和生产成本总是按比例适应的或相等的——只要"生产成本"这个名词能够正确运用的话。

显然，这里所说的只是一个近似之论。这只要检查一下任何市场或交易所的记录即可看出。在最严格的意义下，所谓单一市场价格（single market price）不过是一个理论上的想象，实际上的相歧达到或多或少的重要程度——特别是如果一种商品的生产者或所有者联合成为一种组合或卡特尔（cartel）时，或消费者为了保护他们的利益组成消费者的组织或相类的团体时。

现在可以看出，关于商品交换，货币担任着双重任务。

1. 如果只有两种商品，至少当每一种都有适当数量存在手头时，那么它们就可以在市场上互相直接交换，不必以货币或其他流通媒介为居间；于是上述的交换规律将发生作用。但是一等到有两种以上的商品出现于市场时，情形就不同了(这里的一般论证，其倡始应归之于华尔拉斯)。[①] 如果商品是互相成对地被直接交换的，那么买方只能获得他自己消费所需要的那些，参与交换者的需要就不再可能得到完全满足，也就没有了市场均衡的定点。因此必然出现间接交换程序，来补充或代替直接交换程序。

试以最简单的情形为例。假定对商品(A)只有商品(B)的所有者有需要，而需要商品(B)的并不是商品(A)却是第三种商品(C)的所有者，而商品(C)除了商品(A)的主人外，别人又都没有需要。显然，这里没有直接交换的可能，只有可能进行间接交换。比如(A)的主人可以拿他们的商品换取商品(B)，目的不在于消费，而是在于把它献之于商品(C)的所有者，从而取得商品(C)，这个方才是他们所需要的。

但是这种居间式的贸易，在任何发展的经济制度下，除非作有组织的经营，将显得过于笨拙、累赘。因此将某种有广泛需要的、能用作流通媒介(在这一名词较狭窄的意义下)的商品保有着相当存量，就成为一切国家远古以来的惯例。一种商品，如果装运便利，不会很快的败坏，因此人人都愿意接受着超过他眼前所需要的数量，这种商品就特别配合这种企图。我们假定把这种商品称作(M)。在我们的例子里，假定商品(A)的所有者拥有足够供量的(M)，他们将以一定数量的(M)进行直接交换来取得他们所需要的商品(C)。然后(C)的所有者可以使用在这样方法下所获得的

---

① 华尔拉斯:《纯粹经济学要义》，演讲第19—21。并参阅劳哈特(Launhardt)，《国民经济学的数学基础》，第12节和我自己的作品《价值、资本与租金》，第50页。哲逢斯对这一问题所论述的(《政治经济学原理》，第124页)很不适当。

(M)的量去买进商品(B),而(B)的所有者则又可用以买进商品(A)。如果所交换的商品(A)、(B)和(C)其数量恰恰相等,则商品(M)——货币——在这样的方法下不过是完成了一个按着A—C—B方向进行而仍旧回到A的循环运动;而其他商品,那是交换中的真正目标,则在相反的循环中,每种都前进了一步。

2. 但是在实际情况中,数量完全均等的交换是不能直接达到的。在市场中也许有些人一时并没有适合于出售的任何货物,或者所备的只有少量,就只能用货币来暂时抵偿他们的买进。还有些人或者所保有的货物有剩余,为了最近或较远将来的打算,愿意积贮货币。总之,在这样情况下,货币不但适合于狭义的流通媒介的目的,而且适合于价值贮藏的目的;对于劳务,可以用货币作报酬,由此获得的货币再一次过手用以交换别的劳务时,原来的劳务就获得了抵偿。

"市场"这个字眼,现在大都是在纯粹隐比的意义下使用——它已不再显示一个具体的现实。买进和卖出的进行倾向于大致均一地延展到全年,当某人完成一次销售以后,往往要经过一个相当时期,才作随后的买进。货币的这一职能,在现实世界中将极为重要,只是由于信用机能的发展——这在以后将有说明——才使之大部分成为不必要的。

为了简化起见,关于货币所具有的价值贮藏职能,现在且置之不论。假定我们现在所面对的是实际的、虽然是间接的货物交换,这些货物是已经存在的,准备直接消费的。这就很明显,货币的参与并不影响交换的基本情况。因为每一个买主和卖主,对于每一种商品的价格及其所获得或持有量的边际效用,这两者之间的直接比例，他们所保有的仍然同没有货币参与时一样。还有一层，购得的货物总值是完全同售出的货物总值相均等的，因此归根到底，每个人付出了多少货币，也就收到了多少货币。或者是每一块钱回到了原来的主人，或者是所回来的被一个等值的事物所代替。因此货币的职能在这里纯粹是一个居间者；一等到交换完成以后，它就到达了终点。

由此我们归结到了一个重要的、虽然是不言而喻的事实，忽略了它就往往要导向错误的结论。商品交换本身以及它所凭借的生产和消费状况，只能影响交换价值或相对价格；它们对货币价格的绝对水平不能发生任何直接影响。

就一种商品或一个种类的商品而论，在市场上设定了不正确的相对价格，就会使供给与需求之间、生产与消费之间失去均衡，这迟早要引起必要的纠正。但是另一方面，如果一切商品的价格，或平均价格水平，被任何原因所强制抬高或压低，则在商品市场中是不会有足以引起反应的情况的。当交易完成以后，根据我们的假定，每一块钱事实上或实质上回到了它的原主，就这位原主来说，对于提供给他的货物，他所付出的代价是多些还是少些，在他是毫无关系的，如果同时对于他自己的货物他能获得相当地较高价格的话。

如果一般价格水平，发生了过高或过低的任何反应，则必然系由于商品市场本身以外的原因。或者是充作货币的那种商品，在它的特有市场中作为一种用品或消费品在进行买卖，它也具有边际效用，具有与别的商品对照时，决定于其在使用中的特性和生产状况的交换价值；或者是这种交换价值受到了一直被我们所忽视的一种情况的影响。这种情况是：商品的交换，在实际情况中绝不是一个瞬间的过程，总是要延展到相当期间，在这期间，货币是在完成着价值贮藏职能的。对于这两种观点，其一关涉到所谓货币生产成本论(cost of production theory of money)，其一关涉到所谓货币数量论，我们在下面都将作比较详细的研究。这两种观点，不论认为那一个比较正确(它们并不是互相对立的)，有一点是肯定的：货币价格与相对价格相反，绝不受商品市场本身(或货物的生产)的控制；关于支配货币价格的原因，还须在这个市场和最广义下的货币市场的关系中去寻找。

通过这些考虑，足以使我们进而考察到一个论点，而这个论点已经这样广泛流行，对它提出怀疑，几乎是非常奇僻的。关于引起近数十年来商品价格低落的原因，在讨论中一直认为部分或大部分系出于“货物的方面”。这就是说，促使所有或大部分商品在那个程度上的跌价，从而造成一般价格水平低落的，必然是生产和运输方面的技术进步。

这样的论点，可以获自任何一个关于货币价值起源及根据的独立理论，比如刚才所提到的生产成本论或数量论。以生产成本论为依据时可以这样说，商品生产成本的降低超过了黄金生产成本的降低，或者说前者降低了而后者没有变动。根据数量论的观点则可以这样说，生产总量，尤其是商品交换数量，由于人口增殖、生产效率提高、货币使用更加普遍等等而有了非常的发展，而货币总存量则并没有作相应的扩张。这样的解释，显然同其各自所据的理论是共存共亡的。

有些作家，他们实际上是反对上述的那些理论以及别的任何独立的货币理论的；但他们往往提出商品生产成本的减低、运输的改进等等作为商品价格跌落的独立原因而不再作进一步解释。好像这样的解释就可以代替一切别的货币价值理论了。他们的推论大致是这样：技术进步使生产成本降低，因此使价格下跌，跌价的首先是一种商品，然后蔓延到另一种。当这样的价格跌落，蔓延到一切或大部分商品种类时，就形成了一般价格水平下降，使货币对商品的购买力相应提高。另一方面，当问题是商品价格的上涨时，他们所找到的解释是（像托马斯·杜克及其同派者那样）农产歉收、某类商品需求增加而供量不变、由于关税和间接税的施行而提高了这类商品的价格等等。总之，作为一种经验依据，同样的原因，凡是可以引用来说明任何独个商品价格的上涨或下跌的，一等到涨风或跌风延及若干主要商品种类时，就仍然把它们提出作为一般价格水平变动的根据，而不再加以进一步解释。

这种结论陷入了逻辑错误的深渊，从上面的研究，其实质是很容易看出的。当某一种商品能够比在以前情况下较“廉价地”生产时，就是说，当它的生产可以使用较少的劳动、土地或资本时，在充分竞争的假定下，它的价格，比照其他商品的价格——那些商品的生产成本假定没有显著变动——就必然下跌。但这一论点本身，它的含义并不一定是：——商品的货币价格按照着“以前和现在交换价值差额的全部”下跌。情形往往是这样，价格的实际跌落，其出于此种差额者只是一部分，虽然极可能是很大的一部分，其余部分则系由于别种商品价格的微度上涨。情形如果如此，则价格变动的结果可能是平均价格水平的提高，这种情况的发生正同水平的下降一样容易；也可能是无所变动。如果其他商品的每一种其生产都有了改进时，情况也是这样。

价格水平实际上将上升或下降是不能凭推论来决定的。决定性的因素是隐晦的、复杂的，但也未尝不可作一般性的观察，其结果似乎主要须取决于某一种商品供量的变动，与这一商品生产者对别的商品需求的变动以及一般商品供给与需求的变动的时间上的连续。这种连续又必须取决于金融市场所发生的情况。如果金融市场情况松动，生产者可以获致大量资金，或者可以很容易地借入资金，那么商品供给将比较地受到约制，生产者可以满足其对于原料、劳动等等的需要，而不必先把自己的货物售出。换句话说，商品的需求直接间接地增加了，而商品的供给却是有限的，或者只是逐步地扩大；需求跑在供给的前面，于是价格趋于上涨。虽然现已能比较廉价地生产的那种商品，其价格的相对低落，最后总是不可免的，但所有其他商品的价格都上涨了，绝对的低落是比较不重要的。

相反地，如果金融市场情况紧迫，生产者急于脱售存货以获取资金；那么供给跑在需求的前面，价格将下降。这时价格跌得最厉害、最显著的，当然是那些由于技术改进、生产成本降低的商品，因此很容易看作好像是这些改进构成了价格普遍低落的真正原因。

我们还可以从另一角度来考察这个问题。所谓商品价格倾向于其生产成本的那个有名的定律，只有关涉到相对成本和价格时，方才是可理解的。有这样一种大致上正确的论点，认为在自由竞争下，工资、地租和资本所得，这些生产因素的收益，在一切行业中是均等的，或者无论怎样是不断趋向均等的。上述定律，其实只是这类论调的必然结果，或这类论调的另一个说法。假定生产的改进只是限于一个小范围,因此对生产中各项因素的收益的一般水平并没有显著影响,那么当然有理由可以说,在这个范围内的工资或利润开始增长以后,通过竞争,迟早是要被压低到其他工资和利润的水平的。这里关于对商品价格的影响,我们可以采用惯常的推论。但即使在这里,我们还是可以更加正确地这样说:在生产的整个范围内,(实际)工资或利润其实是上涨的,纵然是极细微的上涨。

但是如果技术上的改进牵涉到整个生产的广大范围,而仍然认为工资、租金和资本所得的一般水平保持不变,那当然是极端荒谬的。相反地,上述的一般水平必然上涨(关于这一点,不论是这一类的上涨超过了其他各类,或者甚至以其他各类为牺牲,都是无关重要的);因为劳动和自然资源生产力的增进与生产中各项因素收益的增长,一般是意义相同的。这一点在实现时,可以是商品价格下跌,而以货币衡量的工资、租金等则暂时没有变动;但也可以是工资、租金等提高,而商品价格不变,或者甚至略微上涨。在现实事态中将作如何演变,是不能利用价格与生产成本之间相均等的定律来决定的。关键还是在于企业家对于劳动、土地等的需求,最后也就是直接或间接对于商品的需求,比较商品的供给是否是更加活跃、更加显著。而这一点,我们已经说过,又必须取决于金融市场的当时情况。

这些讨论,在若干程度上已经接触到以下所要研究的内容,这里不再继续。现在我们要进而对有关影响货币价值原因方面最重要的若干实际理论作一简要的探讨。

第四章　所谓货币生产成本论

今天已经不再有一个理论家会支持那种因袭的观念，认为货币本身具有独立的、或多或少不变的内在价值，真实商品的交换价值好像是借此得以比较或衡量的；虽然，即使在现代货币著述中，有时还可以觉察到这种观念的反映。现代价值理论的结晶，对于这种研究倾向，一定已予以切实制止了。一件事物的价值，只是在于我们认为它所具有的旨在满足我们需要的重要性。这种重要性，随着已经获得满足的那些需要——从最迫切的开始——范围的广度而不同。

对于这一普遍法则，一般认为货币也并不例外。但关于这一点，是否能认为"同任何别的商品完全一样"，则是一个完全不同的问题。

答案是已经有了的。货币就其本身而论，那就是说当它在执行着货币职能的时候，只是作为一个媒介物在经济社会中有其重要意义。是货币对商品的购买力决定了它的效用和边际效用，而不是它被这些效用所决定的。

上面曾说到的商品(M)，在将它单纯作为流通媒介的市场里，虽然并没有什么足以决定或限制其交换价值的；但是它的交换价值却没有理由可以不几乎完全地被其他市场的势力所决定，在那些市场里，它是以纯粹商品的姿态出现的（这些市场同首先说到的市场或者在实际上没有联系，或者多少相密切结合，这完全是观念上的区别。这一点在这里跟我们没有关系）。

用来当作货币的那种商品，可能是国内的普通消费品，或者也许是其主要商品之一——例如古代狩猎部落曾使用皮革、在维基尼阿（Virginia）曾使用烟草作货币——情形实际上就是这样。

有用铜为货币的，也是属于同一性质的例子。在相当近代时期，某些国家或以铜为铸币的主要部分，比如当17和18世纪时的瑞典（还有俄国）就是这样。但是由于铜的价值波动剧烈，供作这种用途证明极不适宜。

虽然当人们接受这种用来偿付货物和劳务的“货币商品”（money commodity）时，可能十分惯常，除了按照当时流行价格去交换别的货物和劳务，将它辗转传递以外，意念中别无其他目的；然而把这种货币商品用来作为实际消费物品或贸易和投机对象这种可能性总是存在的。一旦一般价格水平有了不论怎样细微的变动，以致使货币商品的交换价值高于或低于生产和销售情况所要求的位置时；或者另一方面，一旦这些因素有了变化，因此同市场价格，也就是同货币商品对别的商品的购买力不再保持均衡时，上述的可能性即将转化为现实。

但是当所采用的货币商品，作为一种用品，特别是在实际消费中（如镀金、镀银等），其所占的地位同作为流通媒介的使用相对照，完全属于次要时，还有，其每年生产使货币存量仅作比较和缓的增进时，情况就不同了。现在的贵金属本位（precious-metal standard）以及以此为根据的各种流通工具的情形就是这

样。当一笔交易完成以后，一千个人里也没有一个人会自问，把他所收到的金币还是转变成财宝有利呢，还是继续当作货币使用有利；即使商品价格在很厉害地上涨，货币商品的交换价值在相应地低落时，几百个人里也难得有一个人会实际采取这样的行动。

但是当贵金属与商品对照在跌价时，至少将引起一种倾向，使其生产减低、消费增加，或者更确切些是使其在实际使用中的消费增加（因为我们不可忽视，贵金属的消费一部分系属于一种所谓财富贮藏（treasure-store），还有一部分、与之密切相关的，主要系属于财富的炫耀（display of wealth），而这两者均须服从其自己的特有规律，有时会走向同在实际使用中的消费相反的方向）。不过根据经验，生产和消费情况对价格的任何直接反应是不大显明的。这也许系由于价格的动向，在一定程度上不受到生产和消费情况的显著影响，或者是其影响暂时被别的因素所掩盖或抵消了。在货币制度的现代发展下，贵金属——或者直率地说，新开采的黄金——大部分并不投入流通，而系转作金融机构的现金库存；至于工业使用的黄金，大都系取自此项库存或直接取自输入的、未经铸造的生金存货。不论是哪一种情况，不能认为对价格有任何直接的影响。

关于“黄金的交换价值必然由其生产的成本（或者更通俗些，其开采的成本）所决定”这一理论的发展，主要系出于一个英国人西尼尔（ W. N. Senior）。虽然西尼尔的论点，有些部分遭受到后来批评家的攻击，但是他的研究，显示了极深刻的观察，并没有完全丧失在科学上的永久价值。就是西尼尔也不得不承认，上述理论，其间的因果关系实际上起作用时是非常缓慢的。他自己说，[①]当他写作时（1828 年），世界上铸造货币所需的金属（银）绝大部分系取自于墨西哥的矿产，而其地由于政局不宁“差不多在过去十五年间完全停止产银，实际上甚至曾经将现银运往墨西哥，但不论是银的一般价值，或其以金计的比较价值，都没有发生任何显著变动”。

但是这一连串的推论或已过甚。至少当哲逢斯根据杜克的价格统计表为英国计算从 1818 年起物价的跌落时，他认为这种跌势与 1810 至 1830 年间银产的减低是有关系的。[②]

这一见解，从比较近代的经验中获得了证明。贵金属的生产情况对货币购买力有一定影响、在论理上是不能否认的。实际在推论上这是很显明的，如果这种影响按照同一方向继续存在到一个很长时期，则其重要性最后必将超过其他因素：只要想一想，如果发现了无限丰富的贵金属矿藏，或者如果所有金银矿藏完全枯竭，那时将大致发生怎样的结果。但是在商品价格水平与产金情况的顺利和艰难这两者之间，要从这一年到那一年，或者甚至从这一个十年到那一个十年，察见任何确切的平行状态是绝不可能的。要寻出这样一个关系的一切企图，到现在为止都已告失败。

有些作家，例如洛瑟（W. Roscher），企图在这样的根据上拥护货币生产

① 《关于货币价值三次演讲》（伦敦，1840 年），第 73 页（印供内部传阅；演讲系于 1829 年在牛津大学发表）（翻印本于 1931 年出版。——原译者）。

② 《通货与金融的研究》，第 132 页（再版，第 124 页。——原译者）。

成本论：他认为“贵金属的交换价值，决定于为了供应全部需要所不得不从事开采的最贫乏矿藏的生产成本”。[①]

这样一个推论所牵涉到的实在是货币数量论。因为生产的边际成本(the marginal cost of production)对货币的交换价值来说，主要是一个结果而不是一个原因。关于控制贵金属生产的自然条件尽可以完全没有改变，而贵金属的交换价值，由于比如货币方面需要的变动，可能发生向任何一个方向的很大波动。

须知对商业有最严重结果的，实在是价格和货币价值在比较短时期内——十年、十五年或二十年——的变动。至于货币价值比较渐进的——或者可说是长期的——变动，在这方面的重要性要低得多，虽然就若干世纪的期间来说，就成了很重要的了。在相当程度上，其关系是纯粹历史性的。生产成本论看上去好像十分合逻辑，甚至其合情合理好像是不言而喻的，但正是当我们最迫切需要说理释疑的时候，这一理论却把我们陷入困难中。将货币(或者毋宁说是货币所由组成的物质)作商品对待，以及以此种论点作依据的货币价值理论，一等到我们要讨论在近代货币制度中发生的有真正实际重要意义的那些问题时，就导向几乎完全站不住脚的结论。因此我们必须找寻别的解释方法。

“货币是不是商品”，这是一个虽然时常提到而实际上没有多大意义的问题，这个问题在这里可以获得我们的答案。根据洛瑟的意见，“对货币的错误定义可分为两类：一是认为它比一切商品中最流动的还要超过一些，一是认

① 洛瑟：《政治经济学原理》，第 2 册，第 3 章，第 122 节(拉罗耳(Lalor) 的译本，第 1 卷，第 365 页。——原译者)。

为要不及一些”。①

同这个观念绝对相反的是喜尔德布兰(R. Hildebrand)，他认为货币决不是像任何别的商品一样的商品，而是“同商品完全对立的”。②

这些论点相互间不管怎样地矛盾，但我们可以肯定说，其间实在并没有什么本质上不同的意见。货币——我指的是现实的货币、硬币，这是我们目前对货币所讨论的唯一的一种——就它的起源和实质来说，无疑的是一个商品。但当在辗转流通时，显然，它不能承担商品的任务。另一方面，当它承担了商品的任务时，它的货币任务就立即终结，或者还没有开始。它作为货币时被使用到何程度，作为商品时又被使用到何程度，是货币商品的交换价值，因此也就是商品价格水平的主要决定因素；由此可见，像前面已提到的，其间实际上所凭借的，是一个纯粹量的关系。只是因为铸造货币所采用的金属。在工业上的用途是那样地少，尤其是其实际消费的进行速度又那样的低，所以货币的价值，无论如何在短时期内，并不关联到上述那些因素，而是被一些完全不同的法则所支配，下面我们还要讨论。

顺便提到，有一点应该注意。货币用途的增长和货币存量的增加，使其商品特性的重要意义越来越减弱。但另一方面，由于货币制度的发展，结果使信用票据和所谓货币代替品代替了硬币，因此又存在着一种重要倾向，加强了货币的商品的一面以及它对于价格的影响。

间或有人认为可以使货币制度仍以黄金为根据，而在流通中，在银行准备金中则完全或差不多完全不再使用黄金。在实行时可扩大支票的使用，可发行其保证属于纯粹银行性质的纸币等等。有些关于货币问题最著名的作家就抱有这样的见解。必须指出，这只能认为是一种幻想。在这样的制度

① 洛瑟：《政治经济学原理》，第 116 节，注文（第 342 页；拉罗耳的译文略有修改。——原译者）。

② 《货币论》，第 10 页。这一比较隐晦的陈述，其所凭借的一个观点，据我看来，同喜尔德布兰著作中的后一部分并不密切符合。

下，货币的价值将直接受到贵金属在生产方面每一件偶然事故，或在消费方面每一次轻率举动的影响。它将同大多数别的商品的价值一样经受着剧烈的波动。

但是不用贵金属作准备，而使货币价值保持稳定，这却是完全可能的。只是必须使金属不再作为价值标准。关于这些问题，我们以后也还要提到。

关于对货币交换价值的主要影响在于其生产成本的各种论调中，马克思的论调是值得特别注意的。马克思使货币价值同他对一切价值的根源的一般概念相适应，认为其价值系由其生产时所需的劳动量所决定。但是这个作用不是顷刻实现的。如果价值尺度本身的价值下降，"在贵金属产源地，直接与当作商品的贵金属交换的商品的价格，会首先发生变化。"然后只是逐渐地"在商品对商品的价值关系中，一种商品会影响别种商品……到后来，一切商品价值，又都依货币金属的新价值来评计。但这个平均化过程[①]，陪伴看有贵金属的不绝的增加。既有商品在贵金属产源地直接与贵金属交换，所以会有贵金属作为代替品流入。"[②]马克思不承认货币的数量对价格会有可能发生影响。他认为这样的见解，"就是建筑在这个背理的假设上：在加入流通过程之际，商品是没有价格，货币也没有价值；然后在流通过程之内，商品总和一个整除的部分，会与贵金属总和一个整除的部分相交换。"[③]

假使流通媒介超出了"流通界能够吸收"的数量，其流通速度

① 重点是我加的。

② 《资本论》〔穆尔(S. Moore)与阿凡林(E. Aveling)的英译本〕，1887 年，第 1 卷，第 93 页(郭大力与王亚南的中译本，人民出版社 1956 年版第 1 卷，第 111、112 页)。

③ 同上书，第 99 页(中译本，第 118 页)。

就会减低，或者“只要投一定量一镑钞票到流通界，就可以使等量的金铸币从流通界退出——这是一切银行都熟悉的手法。”①

这当然引起了与对马克思一般价值理论同样的反对。商品的价值，只是在生产的边缘点（the margin of production）上同它的最狭义下的生产成本，也就是劳动的成本（真实利息不计及）相等同。如果这个边缘点的确存在的话，那么就是在这个边缘点上，商品价值刚刚足够抵偿劳动的成本，再没有什么留给土地的租金了。但是这个边缘点的位置并不是固定的。如果商品——在这里指的是黄金——的生产在一般情况下有所改进，或者如果它的交换价值提高，资本和劳动涌入，那么边缘点将向后推；相反的话，边缘点将向前移。因此，像上面已着重指出的，其间并没有什么合理的理由，为什么黄金生产情况的变动（其生产平均成本提高或降低）不会在一开始，或者可能在一个相当长的时期，同黄金的暂时不变的交换价值相一致。

但在生产黄金的现地区，很可能由于产量的增加，在开始时使货币价值发生一定程度的低落；当加利福尼亚和澳洲发现黄金时，在那些地区物价的难以置信的昂腾，就充分证明了这一点。但是这样一个价格激涨的暴发的高潮，不久就在其发源地的邻近地区消散②。对于世界物价的一般水平，它往往只有极微小的直接影

① 《资本论》，第 95、96 页（中译本，第 114 页）。

② 参阅杜克与纽马奇（Newmarch）的《物价史》，第 4 卷，附录第 32，第 854 页：“当 1848 与 1849 年全盛时代”（在加利福尼亚）“尽是不论价的买主……一粒丸药出一元钱，一个鸡蛋也出这些；一双靴子出一百元”等等。“但是到了 1851 年，整捆的值价的货物，有时还抵不了仓租”，等等。

响，往往被别的因素所掩蔽，因此在实际发生的价格变动中，不可能认为这是最重要的，更不是唯一的价格变动的根源。

上述马克思的观念，还有一点，并不是他所独具的，在关于货币问题许多别的作家的著作里也可以找到，要为这一点作辩护，我认为也是不容易的。所说“退出流通”的货币，必然要投入某些别的用途。但在情况并无变动的时候，不可能发生新的需要可以用货币去满足。因此很难看出，这样被解除出来的货币，怎样会不致引起价格上涨的动向。但是这个问题，最好是同在下一章里研究的理论，在比较详细的分析中结合起来讨论。

第五章 数量论及其反对者

这是很明白的，一件商品的价格越高，则为了买进和卖出这件商品所需要的货币，其数量也越大。但是货币——无论如何，在它保持着货币形态的时候——的现有供量的整个机能，迟早总是要交换商品的。在一个经济体系中所存在的货币工具(money instruments)总量，或者毋宁是在商品交换量对比下的货币工具量，是商品价格的调节者——对这一点的认识，现在只是跨上了一小步。这一学理的倡导，大都归之于英国哲学家休谟(Hume)，但其起源实远较此为早，甚至可以追溯到上古时代。[①]这一学理无疑地标志着在理论上的进展，突出地显示了货币价值——或者更确当些，货币职能——的纯粹形式上的或传统的特性；与上面所说的"重商主又者"(Mercantilist)的概念，认为货币具有一种内在性的、大致不变的价值、在交换过程中只是与别的商品的价值相匹敌的说法，正相对立。(至于货币生产成本论

① 参阅时常被引证的、出自罗马法学家庖卢斯(Paulus)的片段遗稿，关于"买卖的起源"等；其中有这样一段话："上述物品"(货币)"的价值，不但视其实质，且须视其数量而确定"。

关于在休谟以前、即其直接的先驱者的事略，详前引马克思著作，第99页边注；又第82页边注。

在时间上当然要后得多。）

我认为不能否认，**在一定情况下**，数量论是可能正确的，不论怎样，它带有高度的真理。但切勿这样设想，以为货币的现有存量或个人余额的数量，可用来作为商品价格的**直接**尺度，从而决定其水平。情况应该大致像以下所描写的那样。

从前面所说的，[①]我们看到，控制商品交换的规律，关涉到货币价格的绝对水平时，其本身并没有什么深远意义：对于一个买主来说，要他对一件商品付出较高代价，假使同时他自己有把握对于某一别的商品可以获得相当的较高价格时，那对他就没有影响。但这是在这样的假定下的，就是买进和随后的卖出，两者都在同样无限缩短的时间间歇内发生。事实上这是不会有的。即使我备有所购入的货物的十足等量，我也不能始终有把握将我的货物在任何时，在最有利的条件下售出。如果我自己的货物，我要用来收回所花费的钱的，要迟一些方才能具备——实际上或者这些货物还正需要使用到我所购入的货物——那么情况就差得更远了。一面是买进或使用钱财，另一面是卖出，这些是大都集中在一个月或一个季度或一年的不同部分的。因此每一个人，尤其是商人，不得不保留一定数目的款项——他的商业储备数（till money）——其平均的数额视其商业的性质而定，以便用以支付那些没有同时收入相抵的费用（在发展的信用经济下，凭借特殊布置，这一措施可以省免或部分省免，关于这点现在不谈）。

现在让我们假定，由于某种原因，商品的价格上涨了，而货币

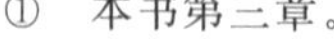

① 本书第三章。

的存量没有变动，或者货币存量减低了，而价格暂时没有变动。这样，现金余额与价格的新水平对照时，就要逐渐显得太少了（虽然在前一个情况下，其绝对数额，平均并没有变更。就这一情况而言，诚然，我可以相信将来会有较高水平的收入。但同时我却冒着不能准期偿还债务的危险，无论如何，很可能由于缺乏现款，将使我被迫放弃一些有利的购入）。因此我要设法扩大我的现金余额。要做到这一点——关于借贷等等的可能，这里不谈——只有减少我对于货物或劳务的需求，或增加我自己的商品的供给（就是说，比所逆料的未来情况早走一步，或在价格上占到便宜），或两者并进。商品的一切别的所有者和消费者，情形也都是这样。但在事实上没有人会成功地实现他所祈求的目标——增加他的现金余额；因为个人现金余额的数目是受货币现有存量所限制的，或者说两者是二而一的。另一方面，由于商品需求普遍减低，供给普遍增加，势必使一切价格不断低落。只有当价格低落到使现金余额认为已经达到足够的水平时，跌势才会停止（就上面前一个情况说，这时的价格当已跌到原来水平）。

假使价格偶然低落而货币存量没有变动，或者货币的现有量有了恒久性的增加，则将发生相反的过程。但在后一个情况下（像货币存量减低的情况那样），其影响的性质，在若干程度上要看货币的增加供量流入经济系统中的路线而决定。但是增加的货币，最后必然分散在“流通的渠道”（channels of circulation）中——无论如何，这可作为一个假定——于是价格的上涨，如果还未曾实现，这时将必然发生。这时的情形，并不是好像一个人偶然地有了倍于平时所有的那么些十马克纸币，对每一件商品都愿出加倍的价钱。但是他原来准备从缓买进的,这时或愿立即完成,或者原来他不得不出售某项商品的,这时将采取比较迟疑态度。总之货币数量增加的结果使商品的需求上升、供给下降,从而使一切价格不断上涨——直到现金余额与价格水平再度保持了正常关系。

数量论有力的一面和它薄弱的一面,现均已适当地予以揭露。它所包含的不只是“老生常谈”,不只是一些不言而喻而又空洞无益的真理;它所包含的不止是这样一个规律——各项购入量的总额,分别乘以各自的价格,必然等于所付货币的总额。这个理论对其主题作了真实的阐明,那种方式在理论上是无可争辩的;但不幸的是只是基于一些同实践很少关系、有些方面简直全然没有关系的假定。

关于现金余额的保持,数量论所假定的是一个差不多完全个人的制度。实际在经济活动的广大范围内,个人余额简直不外是一种在会计上表示的量,一个法律上的概念。事实上由于银行的接受存款,个人余额已被一种集体保持的余额所代替。

其次,它假定每个人按着一个平均余额保持着,或至少力图保持着他的余额,而这个水平是不变的(比照其业务或支出范围)。或者说,其含义是一样的,货币的流通速度(velocity of circulation)仿佛是一个固定的、没有伸缩的量,环绕着一个不变的平均水平作波动;然而实际上它是会完全自动地扩大或收缩的,同时,特别是由于经济进步的结果,它能够作几乎任何如所想望的增加,并且在理论上它的伸缩力是没有限制的。

第三,它假定在所有交换业务中,即使不是全部,也有一个差不多不变的一定部分是用硬币或纸币意义的货币来进行的。事实上这种意义的货币与真正的信用票据(通常用的账面信用、汇票、支票等)之间的界线是极为模糊的;在广大范围内彼此可以互相代替——必要时就是这样代替着,这是可以在每一个恐慌时期中获得证明的。

最后,数量论还假定那个用在实际流通中的金属的总存量的部分,可以同在窖藏的形式下备将来需要的部分,或者同在装饰和财宝的形式下,从货币使用中退出的部分,极明确划分。这个假定当然也是不真确的。把货币珍藏起来,其目的只是在于迟早重新回到流通,这个过程在某种情况下可以加速或推迟;至于用贵金属制成的饰物,在若干程度上情形也是这样。这是确实的,货币的储藏,在真正意义上,除非在未发展的社会,是不会有重大关系的——在进步国家,大都采取别的形式——制造金属饰物的费用在其总值中往往占着这样大的比例,把它加以熔解,并不是一个经济办法(事实上只有古旧或损坏了的物件才有被熔解的可能)。

概括地说,在坚持"其他情况若均相等"的假定下,数量论在理论上是有确实根据的。但是在那些必须设想为"相等"的"事项"中,有些却是在整个经济学中最脆弱的,最无从捉摸的因素——特别是货币的流通速度,事实上所有别的因素都可以或多或少归因于它。因此数量论在现实事实中是否真确,易言之,即价格与货币的数量实际上两者是否是齐头并进的,无法演绎地加以决定。

当然,数量论的拥护者对于这一些困难,绝没有完全忽视。但他们受到的责难是,他们越过这些困难时未免过于轻率,并没有使问题的细节受到全面审察。他们有时所表示的,实际上好像是货币的数量,或者在何时可以流入公众手中的那部分,必然是一个直接的和近似的价格决定力量。那自然是把问题颠倒了，要受到直率的批评。

约翰·穆勒也有几分是这样的，而且他的见解，在这一点上，似乎并不十分明朗，前后也并不完全一致（详《政治经济学原理》，第3册，第8章，第2节）。马克思说他[①]“用他的折中的逻辑，发觉了，在这点，他可以接受他父亲詹姆士·穆勒(James Mill)的见解，同时又可采用相反的见地”，这番话看来不是完全没有理由的（但说得这样的尖刻是不必的，而且是过分的，因为马克思他自己也并没有能克服这里所说及的困难）。

还有很多现代作家（例如查理·基特〔Charles Gide〕在他的《政治经济学教程》中）对于数量论采取了一种很特殊的态度。他们所写的有几段好像认为这个理论绝对正确，至多只须加以简单的修正，而在别处又似乎认为在现代经济发展中，它已差不多丧失了一切根据和效力。

我们对数量论加以批驳，这样做比提出一套更加好的、更加正确的理论来代替它是要容易得多的。到目前止，在这方面每一次的尝试都失败了，或者更恰切些，是几乎并没有作过一次认真的尝试，除了生产成本论，而这个理论，除了正统的马克思派以外，已经不再有任何直接支持者了。

人们又每每提到货币信用论(credit theory of money)，认为系创始自杜克，是同数量论在科学上对立的。但我却说不出这个理论是从杜克著作里的那一部分发展的。杜克在货币方面的贡献——人们在别的方面无论给以如何高的评价——其理论的一

① 参阅同书第82页（郭大力、王亚南中译本，人民出版社1956年版，第1卷，第119页）。

面，在一般情况上是纯粹批评性质的，在概念上是消极的。我认为要从这里面构成一个实证的货币理论是完全不可能的。他时常提到一些因素——大都是十分正确的——认为对货币价值没有影响，但他绝未提到那些最后必须有待于货币价值来决定的因素。

在杜克著名的十七条结论中，他曾系统地陈述对数量论的反对意见，[①]兹举其中的第十二条为例，其内容如次：

“商品的价格，并不决定于由银行券总额所体现的货币数量，也不决定于整个流通媒介的总量；相反地，流通媒介的总量是价格的结果。”

毫无疑问，这当中包含着不少真理，但显然对于决定货币价值的原因，并没有提供任何线索；只是让这个问题悬宕着。

事实上所有杜克的这些结论都是属于同样的消极性质的。对于其中几条的有效性，我们以后还要加以较详细的研究（特别是他对于数量论的批评）。其中只有一条，第十三条，对于争论中的问题，试作了正面的答案。其内容如次：

“构成国家各项收入（属于租金、利润、薪俸和工资一类，预定供作当前开支者）是唯一从而形成货币价格的综合的限制原则的，……生产成本既然是供给方面的限制原则，因此货币收入的综合，专供消费支出的，是需求方面的决定和限制原则。”

这将确实是一个正面解释，如果这个解释方法本身不是不幸地与所研究对象同样的模糊、同样的需要解释的话。收入决定价

① 《通货原理的探讨》，1844 年，第 121—124 页。参阅《物价史》，第 6 卷，附录第 15，第 635—637 页。

格;但我们也可以说——至少似乎是——前者被后者所决定。除了贷款(公司债券、政府证券等)利息可能例外,没有一类收入,不是在大小不同的程度上,依赖或支配于货物和劳务的价格的。实际上我们还可以更进一步:因为每一个成人,几乎都是一个从广义上说的生产者,结果不论是他的劳动,或者是他的土地或资本的所有权、生产成本和货币收入,实在只是同一个事项的两个不同方面,每一方面的总计必然相等于所有生产和消费的货物(和劳务)价格的总计。因此这种解释方法,好像是让我们十分无望地在一个圈子里兜着,或者像劳哈特所说的,[①]“在一个无尽的、环形的迷园里,要找出那里是起点、那里是终点,这并不比要决定鸡或鸡蛋谁先出现的问题容易些”。

在我是不同意这个见解的。我认为杜克的观察,或者更恰切些是其前半部分,确是提供了一个起点,一个货币价值理论和价格理论可以由此发展。这我在以后将试加证明。杜克在他的著作里的别的部分也曾提到这类论点,但他自己绝没有认真推究。当他论到货币价值在实践中所发生的变动时,他主要归之于——像其以前或以后的许多作家那样——商品本身生产情况的变迁、农作物收获量的扩大或缩小等等(除了商业投机之类比较暂时性的影响以外)。这种解释方法,已经不再认为是(生产成本论或)货币数量论的自然结果,它的不合科学原理、不合逻辑的本质由此已经指出。

① 《货币的本质》,第 42 页。

马夏尔教授在他的对皇家委员会关于工商业萧条的报告①中说，现已考虑到商品生产成本减低对于商品供量与黄金对比时增加的影响，像杜克和许多现代作家所提出以商品生产成本减低作为价格下跌的一个附加原因那样的说法，是说不通的。

但是应该注意到，按照杜克的观点——其表现的准确性是与年俱进的——商品供量与货币现有供量对照下的增加或减少，并不认为是价格变化的原因；而货币流通量，按照上面所引的原则，却是视价格水平（以及商业活动的量）而定的。

杜克的解释方法的不恰当，就其对英国在十九世纪初期物价大涨的关系而言，曾经进一步地被哲逢斯所揭露，②这我们以后将看到。

杜克研究方向上的这一难关，其同派也未能越过，其门人中主要的德国代表人物是有名的学者亚道夫·瓦格勒（Adolf Wagner）和纳西（E. Nasse）。瓦格勒的有名著作《庇尔氏银行条例下的货币与信用理论》所述关于决定货币价值的原因，属于积极意义的几乎一无所有。他作出论断，③认为由于交易中普遍采取“汇划”（giro）和支票方法、货币制度转为纯粹的信用制度以后，“可以认为是完善的”，并且“具有无可改变的标准的优点”。他作出这个断言时，并没有作任何解释，对于造成价值标准变化的或不变的原因，也没有丝毫调查研究作佐证。瓦格勒在其晚年对数量论似表赞同，这表现在他对复本位制似有和解的态度。至于纳西的著作，稍迟将在下面提到。

① 第三次报告，1886 年，附录 C，第 421 页；马夏尔，《官方文件》，第 5 页。

② 《通货与金融的研究》，第 131 页（第 2 版，第 123 页。——原译者）。

③ 《庇尔氏银行条例下的货币与信用理论》，第 127 页。

数量论的比较近代的反对派，也没有能够提出真能代替它的一套理论。相反地，他们却泰然地回到了更加陈旧的想法，认为货币实质具有一种内在价值(intrinsic value)，或者无论如何，他们是倾向于这种观点的。例如喜尔德布兰，虽然我们已经看到，他曾把货币解释为“同商品完全对立”的，却终于将货币价值的根源完全归之于这个“非商品”(nichtware)内所包含的物质。在他看来，银行券和不兑现的政府纸币“只是货币符号，不是货币，只是支付工具，不是流通工具”。他接着说，[①]“让我们甚至假定，由于发行不兑现纸币的结果，硬币差不多完全退出流通，就是说，在所讨论的国家里，硬币成了一种普通商品或者是出现了贴水……。即使这样，货币购买力的真正位置，其价值的根源，仍然确立在硬币上；虽然在这个国家里不再用它作支付工具，它的继续担任货币角色，只是存在于买方和卖方的想象中。即使这样，纸币也仅仅是货币符号，就是说，是支付的代表工具，在尽着代理人的职务——它不是货币。”

这样一个概念，在我看似乎并没有任何根据。日复一日地决定各个商品价格，因而(在使用纸本位的国家里)决定国家纸币的平均购买力的，并不是什么空泛的仪式，而是在交换和信用中、在商品市场和货币市场中具体的事实。[②] 另一方面，决定金属货币，

---

① 《货币论》，第64页。

② 诚然不能否认，如采用法律强制执行的比率，如缴纳租税时接受纸币等等这些措施，有助于纸币价值的维持；因为以纸币作为支付工具，其供求在那时并不是完全为市场情况所决定的。但我以为并没有理由要把这些看作是唯一的，或实际上主要的势力。

或者更恰切些，决定货币金属的购买力的，是金属市场和国外贸易这个具体事实。现在假定首先使一切纸币成为是不兑现的，然后停止自由铸造硬币。结果纸币与货币金属之间每一个锁链都被割断（像白银在奥国和俄国的情形那样），于是每一方价值的决定比较地互不相关——但相互间决不会完全独立，因为在相当程度上，一方总可以被另一方所替代——经验证明，那时一方价值就可以在另一方价值以上或以下。乍看起来，可能有些难以理解，"无价值的纸片"，其本身怎样会具有价值。解释是简单的：这些特殊的纸片，载有一定形式的标记，任何人不能制造或排斥；而准备一些流通工具（即使是喜尔德布兰，他终不能与惯例违反过甚，总不可能否认纸币的这一称号），总是必要的，况且并没有别的可以使用。结果就按照可以获得这些纸片的价格，接受这些"纸片"了。

要找出喜尔德布兰观点的根源是不难的。不兑现纸币与可兑现纸币两者之间本质上的类似往往被否认，而喜尔德布兰对于这一点是认可的。这我认为是完全正确的，因此他不同意将一方的价值归之于出自另一方价值的不同因素。但即使是可兑现纸币，其价值也并不是从硬币的价值得来的。它们的可兑现性担保了它们的价值，这是用货币的金属来体现的，但不论纸币也好、货币金属也好，它们与商品对照的价值，是决定于金融市场的一般情况的；而这些情况受到的影响是一样的——不论使用的是纸币，或硬币，或任何别的流通工具，信用工具。

严格地说，我们可以断言，一切货币——包括金属货币——都是信用货币。这是因为直接促使发生价值的力，总是在于流通工具的收受者的信心，在于他相信借此能获得一定数量的商品。不过纸币大都只享有纯粹的地方信用，而贵金属——或者至少是，黄金——则多少是在国际规模上被接受的。但一切是一个程度上的问题。这一点可以拿近来白银的价格变化情况作证明；自从停止自由铸造货币以后，白银的价格降落到远在以银为根据的纸币价值以下。

现在反对数量论最热烈的是一个意大利人卢查替（G. Luzzatti）教授。[①] 他对于有关货币价值问题的见解，那样离奇、紊乱，简直已在严肃批评的范围以外。按照这位作家的意见，决定价格水平的是社会财富的总量，特别是其全部与局部之间的关系。货币数量所以发生一种影响，只是由于就货币本身而言，它也形成了财富的一个部分。[②]

由于社会财富增加的结果，尤其是由于分配的更加均衡（从而提高了工人阶级的购买力），一切价格将倾向上涨；在相反的情况下则将趋跌；等等。[③] 卢查替对于这些论断，并未辅以逻辑的推论。根据近数十年来的情况，在我看来，对于这些论断似未能加以充分证实——或者意大利的情形除外。卢查替的推论，最后是那样的散漫，他所说的货币价值，指的究竟是它在商品交换中的价值，还是它的主观价值（subjective value），在各个情况下不同，竟

① 《理想价格与实际价格》，米兰（Milan），1892 年。

② 前书，第 3 页："给事物以价值的并不是货币，而是货币的兑换率，是事物的社会使用总值，特别是划分到某一点为止，其整体与个别部分之间的关系。"又第 5 页："这些物品（用作货币的商品），由于其有余或不足而形成的价值，对于通过它们体现的货币的价值并没有影响；并不是这些物品的有余、可以确定社会使用价值的增长，也不是其不足可以确定社会使用价值的减退。"

③ 前书，第 7 页起。

无法识别。[①]

这些意见没有什么成就；数量论还是不能就抛弃在脑后的。上面的例证说明，这些意见陷入了甚至更加不完全的和绝对难以维持的概念，或已陷入了半神秘的臆测中的危险。无论如何，比较地说，到目前为止对于一般价格水平的动荡所提出的所有各种解释方法中，数量论还是最适当的；实际上它是唯一的能够在若干程度上试图作出合理解释的。我们必须有耐心，希望由于对一些基本论据的进一步精密分析，能够除去这个理论所无疑存在的一些缺点。

首先最重要的是，对于货币流通速度的现象以及促使这个因素变化的原因，有一个清晰的轮廓。

① 《理想价格与实际价格》，第 36 页起。

第六章 货币的流通速度

一、纯现金经济

为了对货币问题作恰当的考察，流通速度问题是这样的重要，而在大多数经济学教本中却很少讨论。即使是第一流作家，对于这一概念的真正意义、旨趣，有时也显得有些不够明确。我们发现约翰·穆勒作出了这类奇妙的论断，[①]说是“流通的速度……不可[②]理解为每一个货币在一个指定时间内所完成的购买次数”。又说，“时间不是所要考虑的……要点不是在于在一定时间内，同一个货币转手了几次，而是在于为完成一定数额的贸易，它转手了几次”，云云。[③]

穆勒的话，若照其字面直解，则整个定义，终将成为只是同一意义的无谓重复。为了要寻出为完成一定数量货物的买进和卖出时，某一数额的货币转手几次，就必须知道该项货物的平均价格，

① 《政治经济学原理》，第 3 册，第 8 章，第 3 节。

② 着重点是本书著者加的。——原译者

③ 相仿地，詹姆士·穆勒这样说：“所谓流通速度，当然是指为完成一切商品的一次出售时货币所必须转手的次数”（《政治经济学提要》，第三版，第 134 页）。

而这个恰恰就是要利用货币流通的(数额和)速度来决定的量。换句话说,如穆勒所解释的货币流通,是不能认为决定平均价格时的独立因素的。穆勒的不够鲜明的解释,其真正意向是这样的:商品价格水平不仅视现有货币量及其流通速度(照穆勒自己所到处使用的这一名词的含义)而定;而且视在适当时间间歇中,借助于这个货币量所交换货物的量而定。但这是显然的,是与货币数量论相适应的:货币的过多或不足,只能在相对意义下,也就是说从关于用现金交换货物的数量方面来考虑。

因此对于流通速度,我们的定义只是:在一个时间单位,假定一年,现有的一个个货币,关于买进和卖出(借贷除外)的转手平均次数。

同样重要的一个概念是流通速度的倒数,即货币平均的**静止的间歇**(interval of rest)。这就是用同一数额货币所完成的两次购入之间所经过的中间间歇。当处于这样的间歇时,货币被搁置在保险箱或珍宝箱里。

要得出这些方面的量,理论上有几条路线可循。虽然它们都走向同一目标,但加以比较是不无意义的。

(1)假使我们知道在一年中用现款交换的货物总值 P,也知道在流通中货币的数量 M,那么显然,可以由 P 对 M 的比例,得出货币流通的平均速度。

(2)假使可能探索在经济系统中一个个货币(货币的个体)的变动,从而寻出在一年中每个的转手次数,那么从各个的流通频率的算术平均数,可以得出货币流通平均速度的价值。其结果与上面所说的完全相同。因为所有货币个体的流通总数是同所交换货物的总值相等的,货币个体的数目是同货币的数量相等的。

(3)可以试将在一个指定时期中所有一个个货币的静止的间歇加以确定,至于实际的交换程序则假定只限于在单独的时间定点。于是即可获得这些静止的间歇的算术平均数(在指定时期内开始和终结的间歇不再区分,只是合并计算)。这样就可以得出货币静止的平均间歇,以时间单位(年)的一个部分来表示时,其价将等于货币流通速度的倒数,像上面所作出的那样。这是当然的。由于一切货币的个体,其静止的间歇的算术平均数,相等于以其数目除其总额,因此倒数相等于以其总额除静止的间歇的数目。但是静止的间歇的数目(像上面所解释的)显然相等于一切货币个体的流通的数目,或者,意义是一样的,相等于所交换的货物的总值 P。静止的间歇的总额,显然包含着每个单独的货币所有静止的间歇,这用时间单位的若干部分来表示时,总计起来,在每种情况下,总恰好是一年(时间单位本身)。所以总额的合计,相等于货币的个体的数目,即流通中货币的数量 M。这就又一次获得了 P 对 M 的比例。

(4)这样的计算,对于互相接续的间歇中的连续没有顾到。这可以在一个不同的方式下来贯彻。关于这个方法的突践的可能性这一点,固然并不完全置之度外,同时我们也可以看到,无论如何,它是有一定的理论上的重要意义的。我们要算出每个单独的钱柜,在一年中(在交换程序中),通过它流动的货币数额(作为收入和支出总额之半,这样是最简化的,虽然是不十分准确的),也要算出钱柜中这项货币的静止的平均间歇——假定这是可能的。试以各种钱柜前者的量用 a、b、c 等表示,后者用 r、s、t 等表示。于是静止的平均间歇可以用下式求出

$$\frac{ar+bs+ct+\cdots}{a+b+c+\cdots},$$

而其倒数

$$\frac{a+b+c+\cdots}{ar+bs+ct+\cdots}$$

即为在一定的经济系统下,在流通中货币的平均流通速度。后一部分的分子

$a+b+c+\cdots$显然相等于在系统中收入或支出的总额，也就是所交换货物的总值。因此其分母$ar+bs+ct+\cdots$必然是在流通中货币量的尺度，这从以上所指出的可以直接证明。

现在发生的问题是：此项流通速度的量，是否可认为系被若干独立的因素所决定的呢；还是如有些人所主张，这不单是在一定的货物交换量和现有货币量下的、商品价格水平的结果，因为水平本身就是被完全不同的原因所决定的。

后一说的含有若干程度的真理，不仅可能，而且是完全可以理解的。比如一般价格水平或商业活动如果上升或下降，而货币量在开始时并无变动，则其流通速度将纯粹自动地增进或减退。

价格水平提高，别的情况不变时，每个人将从他的钱柜里多支出一些；但也将多流入一些。这样就必然使钱柜里的货币静止的间歇缩短，从而使流通的速度提高。

或者，如果对某项购入、款项不足，则将推迟直到积有足够款项的时候；如果我们从货币在经济关系中人们彼此之间的巡回活动来看，A 向 B 购入、B 向 C、C 向 D 等等，其间的连续比以前加速时，则货币的流通加速。当价格低落时，则情况相反。

认为流通速度完全不是独立的存在，甚至认为以这一因素对货币需要的影响为根据的全部理论“只是空洞无益的形式论”，[①]却是极端鲁莽的论断。这是极为明显的，使货币得以支付和运输的纯物质的条件，对于流通速度的量加上了确定的限制。货币流通时——无论如何在纯现金经济下——不能比一个通讯员跑得更

① 喜尔德布兰：《货币论》，第 41 页。

快；它的速度不能超过运送供支付用现金的邮车、火车或轮船。因为一宗现款，在运送给收款人的途中，是显然不可能完成第二个支付的。但是由于近代运输的发达，由于人口的集中大都市等等，这一点的重要性已经大大减低。况且关于比较远距离的支付，当然久已使用了权利（汇票）移转或汇兑的方法，结果至多只是一个残余部分才实际用货币支付。只有当严重危机时期，才会在同一时间、在遥远地区之间，比如在伦敦与纽约之间，将货币作相对方向的运送。通常所进行的，总是那时常提到的、人所共知的方法。假使在伦敦的 A 要付款给纽约的 B，他只须买进在伦敦的 C 对纽约的 D 所保有的货币权利，诸如此类。结果所欠的两笔款子，不必穿过重洋作相向的运输，只须在伦敦和纽约区域以内不同商号之间作短距离的旅行。

但是在实践中有一小重要因素，使流通速度的量有了最高和最低限度。这就是每一个货币，在两次相续的支付之间，在钱柜里存置不用的时间。这个间歇，视市场的情况和买方的安排而定，在各个时期和各个货币之间，可以有极大的差异。因此它的平均价值，就巨大货币数额、就长久时期平均来看，似乎还是一个纯粹主观因素，没有独立的重要意义。但事实并不是这样。这是很容易看出的，在我的钱柜里，货币静止的平均间歇，和钱柜里货币数量对我平均每日（每星期或每月）支出的比例，两者是一回事。现金保有的大小绝不是只凭主观的（当信用不能获致的时候），而是在相当狭小范围内，与营业的周转有其一定关系，这一事实是每一个商人都明白的。

仍然保留我们的纯现金经济的假定，其间信用既不供应，也不接受,现在让我们试将关于影响现金保有的大小的最重要因素作一分析。

首先,由于某种技术上的和自然的特征,有时使收入在一个时期、支出在另一个时期,例如在不同季节中,集中起来。如果一个商人,由于业务的性质,他的大部分收入在春季,而一方面他的支出却主要在于秋季,那么根据上述假定,他在整个夏季中,势必需要保存相当数额的资金。在相反的情况下,如果收入主要在于秋季,而支出的时节在春季,则在整个冬季中保有着相当数额的现金,在他就是必要的。试作这样一个设想,在同一个国家里,一年业务的全部集中在两个市场,在每个市场里,人口的半数为买方,其余半数为卖方,没有一个人在同一个市场里同时是买方和卖方。这样,货币流通的平均时期(或者更恰切些,静止的间歇)将正好是半年,而货币总量的加倍,将相等于一年间所交换货物的总值。

更不待言,这样的情况是完全虚幻的。虽然交换业务集中在少数大市场或墟市,在以前很常见,但绝大多数货物在出售时,并不是最终的换回货币,不过以货币(或临时信用)为居间来交换别的货物;而这一点是同上述的假定相反的,结果在事实上货币的流通进行得可能要快得多。

有一点可以顺便提到。在纯现金经济中,最紧要的现金保有,是准备要在将来指定时间作确切支付的那些部分。然而在进步的信用经济中,这些正是最容易省免的,因为贷款或商品信用,在确定的时日到期,可以供作完满的替代。

以上指可以预见到的支出。其次我们要考虑在每一种商业中都要遇到的、或多或少*不能预知*的那些支出。为了应付这类支出,必须保持为数多寡不一的款项作为*准备*。诚然,此项准备的大小,不但须视各个业务的性质，而且部分须视业主个人的成见而定。然而其极端最高和最低的限度，实较乍一看时所想象的接近得多。“机遇”(chance)当然绝不是完全不规则的，所谓“大数法”的真理，可以在各种全然不同的情况下证明。依据这一法则，趋向这一方或那一方的机遇离差(chance deviations)大都密切集中于某一平均价值；过大的离差是很少见的，一个特殊的离差，其遭逢的机遇率，或其相对的频率(frequency)的减退，要比离差的量的减退相应地快得多。

假定由经验证明，某一行业在某一季度的支出总额(或者，毋宁说是支出超过同时收入的差额)，年与年之间，围绕着某一平均价值 a，动荡不定。试将其间的“机遇离差”作为 b：其意义就是在该时期支出的安全优势——仍以这一指定行业的经验为根据——系保持在 $a+b$ 与 $a-b$ 之间。如果一个商人以得保持在所谓单纯的安全边缘为已足，那他就只须保有 $a+b$ 的现金。但为了预防钱柜可能会枯竭，如果他要求较大程度的安全，那他的现金保有自须酌量扩大。如果将现金保有维持在 $a+2b$ 之谱，则按照机遇法，在所述时期内，对于钱柜完全枯竭这一点的博胜机会在 9 比 1 以上；现金保有为 $a+3b$ 时，博胜机会将在 44 比 1 以上；如为 $a+5b$ 时，将在 2600 比 1 以上，那就是说，钱柜的枯竭只会在三千五百年中发生一次。

商人是从未听到过机遇微积学(calculus of probability)的，但是他单凭经验的推断大体上是有效的：脱离商业正常途径的情况，在他自己的经验中以及在他的前辈的经验中，既都未遇到过，那么在将来当也不至于遇到；虽然商人的经验似乎是纯粹机会的结果，但是他所采取关于现金保有的方法，只要情况维持不变，年复一年，是不会变更的。当所考虑的是在一个指定范围内一切行业的平均情况时，这种稳定性就更加显著了。

第三，巨大数额的资金时时在累积起来，特别是在拥有大宗财富的人的手里，由于售出大批资料之类，他们对于所获得的价款，往往一时找不到适当用途。此项资金严格地说，只是一项特殊的现金保有，因为这也是迟早要投入流通的。但是它的量、所受到个人成见以及商业情况的影响，比较真正商业现金保有量所受到的，显然要远远超过。在未发展的经济系统下还没有证券，这时黄金最显著的职能，当然是在于价值的贮藏；大大小小的积蓄，许多年一直是退出流通的，可以构成货币现有存量的主要部分。试以印度为例，当它在经常发生的荒年中、在紧急的时候，埋藏在地下的大量零星积蓄从床底下掘了出来，从而推动物价，尤其是谷类的价格，使之达到反常的水平。但是在西欧文明国家，这类事例就不再发生。而且由于银行事业的发达，一切巨额资金都暂时托付给了银行，所以这些资金是绝对不会完全退出流通的。

因此，根据上述假定，除了最后提到的一类可能例外，静止的平均间歇，因而也就是货币的平均流通速度，似乎是一个差不多不变的量。它对于偶然的膨胀或收缩则将立刻起反应。

二、简单的信用经济

到现在为止，我们所设想的是纯现金经济，其间没有信用或货币借贷。这是一个纯臆想的情况，因为在经济进展中，信用的现象是没有一个时期能完全不存在的。如果我们继续下去，把信用这个因素考虑在内，整个情况将完全改观；将立即似乎失去了数量论的凭借。但是在人们彼此之间简单的商品信用或简单的货币借贷之下，并没有什么作为货币的替代。信用的作用，只是像一个强有力的滑车，加速了货币的流通。这种势力的影响所及，当真的，将绝对没有理论上的限制——如果对于我们即将提到的那些实际上的障碍可以不计及的话。

仍按照上面的例子，人口的半数在春季为卖方，在相等程度上当秋季为买方，而其余半数则在春季为买方，秋季为卖方。据此，在纯现金经济下，货币的必要存量将相等于年产总值之半。但是有了某种信用方式的助力以后，货币的需要和现金保有的数额，可以减低到无限制的程度。按照我们的假定，卖方只有在经过半年以后，其资金才能找到用途。因此他们可以通过半年为期的信用（没有风险，不取任何利息），同样地交割他们的货物。在下一届，那就是在经过六个月以后举行的一年一度的市场上，买方和卖方将不再把自己像以前那样的分类成对，也不可能简单地一面结束旧权利，一面接受由于新交易的结果而出现的新权利。但是一笔款子，不论怎样微小，一等到投入市场流通以后，将在买方与卖方之间，迅速地往返活动；在任何时以货物交换所得的资金，将立即用以偿还债务，这样通过偿还债务所得的资金，将用以购买货物。

当信用的形式不是商品信用而是货币借贷时，情况仍完全相同。任何一笔款子，不论怎样微细，都是足够说明情况的。比如卖方 A 可以把款子借给买方 B，B 又可以用这笔款子向卖方 C 买进货物，然后 C 又可以把它借给买方 D；等等。

很容易看出，这里所述的程序是完全普遍性的。不论经济情况错综复杂到怎样程度，货币总是在什么地方存在着的；假使在实际完成支付的那一顷刻，没有使用货币，那么其所有人可以把它转借给别一人，这人借此可以完成其支付。所以货币的流通速度，除了受到其物理的可动性或运输速度的限制外，并没有"理论上的"限制。假使这些方面的速度可以提高到无限程度，则全世界的汇兑和信贷业务的一个很大部分，可以通过将一枚十马克货币（或者一枚十分尼货币，在所不计）往返运送（非常地快，当然）的方法，在实际上用现金支付。这些话听起来好像很奇妙，但今天，大量的这类业务，清算时通过权利的移转和交换完全不使用货币这一人所共知的事实，实际上更为奇妙。

迄今我们所考虑的是个人之间简单的信用，不是有组织的信用（如银行制度所提供的），就这一情况而论，事实同以上理想的叙述，其间当然有很大距离。理由是简单的。首先，许多人们，事实上绝大多数，是那样地贫困，他们很少或简直没有获致信用的便利——这是一种罪恶，信用制度不存在时当可轻减，只有使经济福利普遍改善，才能使情况不同。但这个且置不论。当然，只有极少数圈子里的人，可以参与个人的信用或借贷事项，获得债权人或债务人资格。而且，倘要防止弊端，这类事项就要牵涉到种种戒备措施，这不论在债权人或债务人说来，都是琐碎、麻烦的。因此，任何人只要是单为他一己的利益着想，当他自己预计将遭遇到款项不敷，不数日以后势将举借时，就绝不会同意贷出款项或允许延缓支付。或者至少要使他有把握，能够在比他自己所要求的更加有利的条件下，满足他自己对资金的需要。否则他便将无缘无故地负担着双重任务，冒着多出来的、在贷款时要牵涉到的风险。

问题可以换一个方式来说明：一个简单的、无组织的信用制

度，在若干程度上确是减少了现金保有余额的需要；但需要还是存在的，特别是关于充作意外支出的准备的那些余额。现在可以看出，货币的流通速度是一个带些弹性的量，但它对于膨胀或收缩仍然具有充分抵抗力，从而使数量论的结论保持了正确、健全的面貌。

在特殊情况下，简单的信用，其本身可能达到严重的膨胀程度，比如由于高利润的吸引，或物价上涨、利率提高而爆发了投机的时候。但是一旦这种刺激消失以后，随之而至的恐慌时期，在那时所显示的收缩是同样的是多灾害的。这时人人急于防守他那与新的价格水平对照时显得过于微小的余额。货物的需求减少了，其供量增加了，于是价格下跌，一时或者远低于其正常水平——特别是当信心摇劫、普遍存在疑忌的时候。下面在另一场合当再叙及这一问题。

三、有组织的信用经济

我们已经看到，个人彼此之间简单的商品信用和货币借贷，虽然未能对货币提供确切的代替品，但确能引起流通速度的增加。并且其影响所及，在理论上是完全无限制的。但在实际上，却抑制在狭隘的范围以内；这是因为，首先，以任何人来说，其接受与提供信用的机会大都是很有限的，同时，货币流通的加速，势必同余额幅度（相对）的降低固结在一起，使之降低到在未发展的信用经济下由于先见，或在若干程度上由于习惯所决定的水准以下。

在发展的信用经济下，这两个障碍都扫除了，流通的速度在实际上或实质上提高了——或者,说得更恰切些,流通的速度已经能够或多或少从心所欲地增加了。现有的方法可以归纳为两大类:权利的移转(汇票的使用)和借贷的集中在金融机构;此外还有两者的合并,是现代银行和交易所制度(贴现、支票的使用、票据交换、纸币等等)的特征。

假定有若干个人,A、B、C、D 等,彼此之间互有融通(比如商品信用),因此 A 欠了 B 的钱,B 欠 C,C 欠 D 等等。当清偿这些债务时,需要一定数额的款子从 A 到 B、从 B 到 C 等流过。假使所有期票数额相等,都在同一天到期,则借助于同一宗货币,可以使债务的清偿在很短时期内完成。再说,假使在这些人之中至少有一人,比如 A,其信用被一般所公认,他的期票就可以由 B、C、D 等等利用以完成支付,因此实际所需要的,只是款项的一次支付,从 A 起直到一连串中最后的一个人。为了进一步加强这种期票的承兑性,通常当然需要每个背书人通过他的背书,负担连带责任。所以用汇票支付时,这种支付并不是终结的,如果票据到期不获兑现,可以向背书人索取款项。正是由于这个原因,使汇票对信用制度供给了力量的巨大泉源(在早期,情形尤其是这样)。简单信用每一度的膨胀,势必同风险的增加结合在一起,而以汇票作为商业证券时,则其安全性随其所附背书的次数、随其被利用以避免现款支付的次数而增加。

假定各个单独的背书人(包括承兑人和出票人),其社会声望是那样的低,估计在汇票使用期间,仅仅能勉强保持具有兑付能力,同时票据的关系人假定有十个,则所有这些人同时宣告破产的机遇率只是 2^{10} 中之一,即 $\frac{1}{1024}$,

这里还假定他们在商业上系互相独立，当然这样的假定并不是始终正确的。

自从银行业充分发展以后，汇票的这种原始式的使用，只是由于其比较的不便利以及相类原因（汇票的课税等），渐渐不及以前流行。汇票已不再像以前那样频繁地辗转传递；大都持以向银行贴现，就留在银行里直到满期（无论如何，就国内汇票而言）。换句话说，汇票的使用，变成了纯粹的借贷资金的一个方式。

但是这些且不谈，现在让我们就汇票的原始制度，比如当世纪[①]之初汇票在兰卡郡（Lancashire）以及别处开始形成时，作一考察。前已述及，由于背书结果所负的连带责任，只有待汇票最后付讫时，方才完全解除。这就可以这样推想，其所涉及的一笔款子，实际曾经在中间人B、C、D等等整个行列中流过。由此可见，汇票只是再一次促使货币流通在实际上加速的一个方法。它们比简单的商品信用占优势，在于约付凭证的具有较高度安全性和流通性，可以包括在现金保有和准备以内，几乎与货币无异（有时当币制处于恶化状态时，它们实在还优于货币），这样它们就能在实际上排除了货币。

当货币制度进一步发展以后，特别是当汇票已主要由那些联系面极广的大商业或银行机构接受时，就会越来越频繁地发生这类情况：在完成支付的过程中，汇票在未到期以前就回到了承兑人手里，或者当到期时，承兑人用他所持有的别的汇票来交换。支付的循环就这样完成了，然而其间并没有使用任何货币。这是并不足为奇的，要晓得货币所承担的，实质上只是作为一种流通工具的

① 指十九世纪。——原译者

纯粹形式上的任务，在经过或大或小的循环以后，实际上注定还是要回到其原来所有人的。

这一个程序也可视为货币流通的加速。因为必要的货币量可以设想为无限地小，而其（实际）流通速度则是无限地大的。于是其完成支付的力，可从数学角度以下式表示 $0\times\infty$。汇票可以凭一项无限小的货币数额，巡回通过有关各方，逐步付清当前债务，而最后完成其任务。

由于汇票的使用，在有利情况下，可能发展到差不多完全排除货币的使用，这一点是毫无疑问的。

在这方面还有一个更强大的势力，列入我们叙述的第二部分，这就是银行制度的发展。当一个人对于他的资金须待将来一定时期使用、目前没有需要时，他已无须倚靠以前的方法、觅取一个有足够实力的私人借户，那样既不安全，也多烦累，因此往往避不采用。他只须把他的资金付托给银行，[①]而银行往往能立即把它贷给某一第二个人。货币现在已充作交换或支付的工具，在私人手中积成足够大的数额时，就为上述同样的理由，存入同一或另一银行，再由银行立即贷出。如此因周复始。因此，原来是闲置在原有人手里的，现在货币在这个时间辗转流通，完成购买可能达十次或二十次。

通过银行（或交易所）集中贷放以后，有一个重要结果，当贷出或借入款项时，对于归偿的固定日期，逐渐免除了确切坚持的必要。流通速度的增加或现金保有的减少，这样就可以扩展到甚至拟作为现金贮存以备随时支付，或拟作为准备以备意外支付的那

① 或者在交易所买进证券或汇票，实际是一样的。

些部分的货币。

假定有若干商人，不论其为何原因，把他们的现金保有存放在同一个地方，比如托付给一个银行来管理。于是经验证明，综合的保有比个别的保有，其变动要相对地小得多。这是部分由于机遇，“大数法”[①]的规律化，更甚的是由于商号之间真正的相互倚赖，这一商号的支出，结果直接或间接即是别一商号相应的收入。结果是银行方面经所有人同意，无时不可以将托付给它的数额的一部分，或者借给别人，或者用允许超过存款余额一定限度透支的方法，借给存户本人。如果银行善于经营，即使受托管理的资金须随时付还，它仍然可以这样做，而不至于冒着不能偿还其债务的危险。

在各个行业可能发生的情况是：或者其每月经常发生的收入和支出相互平衡；或者在某某季节要发生超支，但大致可以事前察知，因此可以通过对信用的正常使用获得所需的资金。但同时商人还需要某项准备，以应付非正常的收入或意外的支出。对于这种准备的数额，我们已从理论的和实践的观点作了讨论。假定经验证明，在若干年的过程中，支出超额在任何方面的变化，从未越出某一数额。如果商人平均（比如在每月初）拥有这个数额的两倍或三倍，那么他对于他的现金保有的枯竭已取得高度的机遇率。试以这样的准备的数额为 r。假定集合这样的商号，彼此之间完全独立的，计一百家。那么根据机遇率，这个综合的现金保有的变动只是 $\sqrt{100}$，即相等于单独的现金保有变动的十倍（因此**相对地**只是十分之一那么大）。由此可见，为了达到同样高度的机遇率，一个 $10r$ 的综合现金保有，即足够应付所有各商号的意外

① 参阅克尼斯（Knies）：《信用论》，第 2 卷，1879 年，第 247 页。艾治卫司在他的“银行业务的数学理论”（《皇家统计学会报告》，1888 年）里有较详尽的叙述。

支出。

如果一家银行为所有这些商号充当账房，它可以满足于只为每一商号储备$\frac{1}{10}r$的数额，这样就不至于冒着侵及它的其他基金的风险。这时它可以对这些商号，如果必要的话，给以无限度超过其存款余额的支付权利。当然，这样的权利，只是在真正需要的真实情况下方才存在。这将实际表现在各商号比照其原存数时而高时而低的账面余额。于是每一商号的必要准备，比较银行制度不存在时的情况，将减低到十分之一，而货币的流通速度则将增加十倍。存款人数愈增，则综合保有的必要数额相对地愈减，其绝对数额，只是随着客户户数的平方根增加。

（应该指出，这里所说的并不意味着是经营银行时的数理规律。我们只是利用一个简单的数字范例，对于看来是这些复杂现象的本质方面，试作一些说明。）

但是机遇率理论在一切应用中，总是存在着所谓常数误差（constant errors）的可能的。如果银行的客户都属于事业的同一个部门——比如都是从事农业者，或者都是家畜贩卖者——那就不但其经常性支出的最高峰会集中在一年间的同时，而且其无定向的变化也大致会互相密切关联。结果是准备的综合保有会在实际上大得多。

另一方面，银行的客户，如果其相互间存在着业务关系，因而一方的支出就必然地关涉到另一方的收入时，那么其变化甚至比上面的计算所指出的还要小。最后，银行业务如果在完全限定的制度（closed system）下经营，那显然就不再仅仅是“机遇”的问题，而存入与支出的代数和，将总是相等于零。

银行的客户愈众多，客户的职业、身份愈参差不齐，那么银行与其业务总范围对比时所需要保持的现金存量也愈小；货币的流通速度也相应地更大。当银行的客户彼此之间进行交易时，他们为了完成支付向银行支取的款项，可能在当天未过去以前已经回

到银行。

还可以再推进一步。如果两个客户之间的支付，可以通过银行的账册，只是将一笔相当数额的资金作一次移转而完成，那么这期间对于任何货币全然没有真正需要。所需做的只是将借方（买方）这一笔账款注销，记入贷方（卖方）账户。现在假定这种制度——通称转账（virement）、汇划（giro）或支票制度——已经发展到人人都有一个账户的程度，那就一切支付，除了用零钱即够应付的可能例外，都可用这样的账款移转来完成。诚然，为了逐步树立信心，为了应付难以避免的风险，银行需要巨大数额的资本。但是凡属银行，不论是属于为全国服务的唯一金融组的分支机构（如奥国邮政储蓄银行〔the Austrian Post Office Savings Bank〕），①或者是由一个共同的清算机构联系着的独立组织（如英国或美国的方式）——无论如何，单就国内业务而言——都无须备有现金存量。

纯粹的信用制度，即使在英国，也还没有完全发展到这样的形态。但这种形态却在迹象不尽相同的银行券制度中，到处可以察觉。银行券应认为实质上是一种存款收据或支票，在经过若干转手以后，付交银行取现或作为存款。在那些允许发行小额纸币的国家，由于使用时极度方便，它们总是比硬币受人欢迎。例如在荷兰、瑞典和美国，往往可能好几年见不到一枚金币。瑞典的情形就是这样，虽然所有发行银行负有用黄金赎回其纸币的义务。这样

① 关于这一十分独特的机构的发展，论者很多，这方面的叙述详托比需（Ed. Tobisch）的论文“奥匈帝国邮政储蓄银行的支票和票据交换”，《康拉氏（Conrad）年鉴》，1892年。

的义务，当然是极度重要的。因为这样就使银行的贴现政策，或多或少自动地，受到外汇情势的节制；从而使商品价格的一般水平受到在国外的水平的控制。这是以后要讨论到的问题。但是单就纯粹国内业务而言，这样一些国家的现金准备，现在不过是一个因袭的成规问题而已。

在瑞典，把黄金即使存放到国外也是很少见的；因为一般大银行都宁可在国外银行保留相当余额，以备支取，或于必要时向国外透支。

银行券制度，部分由于其固有的原因，部分由于带些主观性法律限制的结果，呈现着相当复杂的现象。银行券只有在支付利息（或以商品交换）的条件下才能取得，但不能为其所有人滋生利息。因此私人不愿意大量贮藏，于是以存款的方式流回银行，或借给别人以赚取利息。同时还临时使用别种信用票据，如汇票或商品信用，“以节约纸币的使用”。这可以换句话来说明：纸币本身提供了多少带有些弹性的信用制度的基础，其流通的速度是有些变化无常的。就是为了这个原因，即使是对数量论比较年久的支持者，对于价格水平与纸币（以及硬币）数量之间，他们所认为存在的确切关系，也绝不可能提供满意的证明。

纸币作为金属货币的替代者时，其本质的特征，并不在于用它代替硬币来完成支付。因为即使在普遍行使纸币的场所，事实上仍可用金属货币来完成支付。只须由各个买方和卖方相约在银行会集，即可立即将纸币兑成硬币，再将硬币换回纸币。（在银行业和纸币发行的历史初期，在若干程度上，这样的情况确曾发生。）纸币本质的特征，在于它代替了私人和本身不发行纸币的那些银行的现金准备项下的硬币。

往来账户（在汇划制下）与纸币有相类的作用；它还有一个优点，通常可以滋生利息，因此它比较纸币更容易排除别种的信用方式。支票辗转流通的情形很少见：它们大都完成只是一次的支付。在理论上支票具有更加简化的优点，但是在实际上，无论如何就小额的支付言，纸币要方便得多(假定所发行的包括小额纸币的话)。

为了供作以下进一步讨论的基础，试作这样一个设想：货币，不论是硬币(零钱或者除外)或纸币形式，一概在实际上不流通，所有国内支付全部利用汇划制度和账面移转。对这一纯想象的情况作一详尽分析在我看似乎是值得的，因为这同任何种信用没有份的、纯现金制度的、同样是属于想象的情况，提供了一个直接的对照。各国实际所采用的货币制度，可以说是这两个极端的典型的结合。如果我们对于这两种想象的情况下货币价值所由变动的原因，能够获得一个清晰的轮廓，那么对于货币现象在实践中所显示的错综复杂，我认为应已获得了解决的正确途径(对这样一个简化的制度作一周密考察，对于解决某些别的经济问题也是有帮助的，这在下面将看到)。

为简化起见，假定一个国家的整个货币系统，操之于一个信用机构，以下设置如所需要的分支处所，每个经济独立的个人都设有账户，从而可以签发支票。为了适应国外，以及可能还有工业方面的需求，银行势必保持一定存量的黄金。假定这个黄金存量，或者更恰切些，它的平均价值 R，包含银行本身的财产在内。根据这一假定，银行向公众取得的债权，必然恰好相等于它对公众所负的债务。如果贷方余额的总计为 K，那么借方余额的总计必然是 K 或 $-K$，因此所有余额的代数和总是相等于零。

但这是就纯粹国内的业务而言。当国外贸易差额或支付差额的情况是这样，以致银行须交出其现金的一部分给国外时，它将发现它在国内的债权有了相等的溢额。另一方面，当黄金由国外流入，交付给银行时，其贷方余额的总计也相应地突过了借方余额的总计；银行欠公众的超过了公众欠银行的。当黄金在国内工业上的用途，其数量与输入（或开采）量对照、增加或减少时，所发生的情况相类。

根据这样的假定，信用与货币交易，其中较重要的几项，将按以下方式进行。

实际的商品交换进行时很简单。买方就其余额（或其欠户）如数签发支票，售方兑取后如数存入他的银行账户。但在一个短时期内，货物是必须用货物偿还的。结果是账册上记入借方的数额，必然相等于记入贷方的数额，不但就银行所有客户综合起来说是这样（因为情况必然始终是这样的），即使就各个单独的客户来说也是这样；因此在一天或一个星期终结时，各个账户所显示的余额，将始终同开始时一样。

但是一批货物的售出与等值的另一批的购入，其间将经过一定的间歇时期。当此时期，虽然从表面看，支付在外观是即时的。但实际是卖方按照这笔价款的总额（或其一部分）对买方给予了赊贷。这是由于银行所提供的便利和保证而得以实现的。现在试再回到我们以前所举的例子，一个国家里居民的半数在春季，其余半数则在秋季出售其产物。在极端的情况下，假定在夏季，前一个半数将以债权人、后一个半数以债务人的地位在银行账册上出现，其总额相等于年产总值之半。但是到了冬季，这些债权、债务将完全勾销，所有账户的余额将显示为零。或者，再举一个比较近情些的情况，在全年中，债权和债务的综合数额大致稳定，相等于一年产值的四分之一，人口的每个半数，交替地在银行账册上表现为债权人和债务人。最后，这两种极端情况的任何样的结合都是可能的；但是按照我们的假定，债权和债务一年间的平均数额，必然始终相等于年产总值的四分之一。在这样一个纯现金经济下，货币流通的时期当为半年；但是如果假定往一年中现金周转 n 次，则很容易明白，在银行账册上债权和债务的平均数额当为 $\frac{W}{2n}$，这里 W 代表一年的产值，或者毋宁是商品的一年周转。

即使银行所保持的黄金存量，其价值相等于存款人交入的数额（虽然，依照我们的假定，这是绝对不必要的），货币的流通速度也将加倍。

根据厄萨（Essar）[①]的计算，当 1890 年，往来账户的周转总计（贷方及借方数额合计之半），在法国银行的情形，相等于往来账户平均余额的 135 倍，在比利时银行为 146 倍，在德国国家银行则高达 190 倍。法国银行的周转额为 540 亿法郎，而这是用为数约 4 亿法郎的货币来完成的。

但是这些数字并不能充分显示实际流通的速度。厄萨所注意的纯粹是贷方余额，其账户是不能透支的。银行对于这类余额是绝对不需要按全数提存准备的，当以其大部分贷出，或用作纸币发行的保证。这样，同一货币，事实上将格外加速地发挥它的职能。

到此为止，我们讨论了根据性质和技术而定的时间的间歇，它将购入与相应的售出分割了开来。但是真正的长期贷款，其本身在这里也是有关系的。很多人在经营业务时，除其自有资本外，还

① “货币流通的速度”，载《巴黎统计学会会刊》，1895 年，第 143 页起。

经常地，或在一定时期内，需要更多的资本；而有的，则其自有资金，在他所能够或愿意为它找到用途的数目以上。由此而起的借和贷，可以假定是通过了银行的居间而得以实现的。当一个客户，同意把他余额的一部分留存在银行，并且不时存入新的款项（如在货物交换中收到的支票等等）使存额增加时，这就累积（或储蓄）了资本。银行，无论如何对长期存款而言，当然要付给利息（其定率与它本身所要求的定率很少关系）。否则存户将收回其资金，自行出借。这样的话，存户所须做的只是开出银行支票，这无需消耗银行的现金准备，虽然银行现有放款中一个大致相等的数目或者将由借户归还，这是由于私人贷户这时提供较有利的放款条件，借户亟于利用，因而舍此就彼，于是银行业多将有所收缩。

有了这些长期存款就有了放款，它们到期以后将转期，事实上将长时期继续下去。但是我们晓得，在存与放之间，并不必需要任何准确的等量对比。可能是存款的大部分由银行保持到好几年，而相应的放款只有三个月期，并且从来不直接展期。另一方面，可能是存款不时被提取，而放款的时限却很长。虽然如此，存入的总额与提取的总额总是相等的。这是一个纯机械的关系，根据我们的假定这是必然的，无论如何就国内业务而言，每签发一张支票，必然有一个相等数目的资金存入银行。

假使全国的贷放集中于银行，这也是完全可能的，但是并没有必要作这样的假定。将资金积压在风险大、见效迟的企业，实际上是每一个银行所要避免的。这主要是私人资本家的事，他们把财产的一部分，或者把自己的权益，去长时期冒风险、作孤注，为了企业如果成功，可以分享利益。这并不打乱我们所假定的制度。这样的个人，并不构成银行信用活动范围以内的分子；他们通过债券、股份、抵押、有限公司之类的方式，互相直接进行交易。可以举一个企业家的情况作一简单说明。假定由于获得银行的临时贷款，使他能够建造一所房屋。他在计划完成以后，即将屋子卖出或抵押。这样得来的资金是买方或贷方通过其银行账户签发的支票，这个企业家就用支票偿还了银行所给予他的贷款。

不可不注意到长期利率（债券利率[①]）与短期利率（银行利率）在若干程度上必须相密切适应，或者无论如何两者之间须保持一定的联系。长期利率不可能过高于短期利率，因为这样将使企业家凭借银行贷款来经管业务——这一点，至少通过间接方式时，通常是办得到的。同样地，它也不能低于短期利率，这样，多数的资本家将宁可把他们的资金交托给银行（或者用之于汇票的贴现）。

应该顺便提到，关于利率如何为“资本”供求所决定的习惯的解释方法、与此说相应和的任何方面，迄今我们还没有接触到。在这里看来利率——首先是短期利率，间接地是长期利率——好像是完全由银行自由处理的。这一个问题的是非曲直，以后将作研究。

现在引起了一个极端有兴味的问题：在我们的制度下，从而推论到在现实世界中（就其情况与我们所假定的相符合者而论），决定货币交换价值和商品价格一般水平的，究竟是什么？在我们的假定下，没有货币在流通，单为国内贸易无须准备货币。支付工具或购买力可以凭选择、凭需要供应。货币数量论

① 原文为“交易所利率”（börsenzinsfuss）。——原译者

似乎已根本被勾销。

这个问题必须有一个解答，这差不多是今天所普遍感到的。在1887—1888年英国委员会著名的而又那样多方面有启发性的讨论中，就贯穿着这个问题，还不得不考察了银与金价值的对比变化的原因。在举述证例中，问题一再引起，在现代经济发展中，黄金在银行或在任何别处的量，怎样能对价格发生影响；特别是其时存金的过剩与贴现率的普遍低落，依照数量论的观点，怎样同下降的价格水平统一起来。英国最杰出的货币理论家和实践者被召集到委员会，但关于上述这个根本问题真正名副其实的解释，我却未能发现。有些论证者，比如吉卜斯（H. H. Gibbs），[①]一位银行董事，出席了好几次，却完全陷入了自相矛盾的推论的困难中。他们有时认为利率的低落以及银行的能够安然保持其黄金存量，系由于商业的衰落、由于价格水平低，然后又把后一个现象解释为由于黄金的比较稀少。我认为对于解决这个问题最有价值的贡献是马夏尔教授历时三天的检查报告。[②] 但在我看来，马夏尔对于他所述银行的准备金量对利率、从而对价格的**直接**影响这一点似乎过于着重。这一观点，同委员会本身的成员对他提出的相反例证，很难归于一致，同以后英格兰银行准备金以及世界其他中央银行现金保有的增加，更难调和。马夏尔对货币问题，在他的《经济学原理》第二卷里将作充分讨论，我们仍以极大兴趣期待着它的出版。

① 黄金与白银委员会，《第一次报告》。

② 马夏尔：《官方文件》，第32—169页。——原译者

纳西的著名的、时常被引证的那篇文章“最近十五年来物价的低落”[①]也谈到这个问题。为了证明实际发生的价格下跌，其原因难以归之于黄金的稀少，纳西提到了近几十年来几乎所有国家以信用票据作为支付工具的惊人发展。这种发展，他说，“同贸易的发达和支付工具需要的增加同时并进”，使“现有黄金存量的独立性越来越增强”。他接着说，“根据以上考虑，黄金的价值已完全处于隔离状态，已不受贵金属稀少的影响。如果支付工具可以按照贸易的需要任意增加，则货币情况对于极端无约束的价格上涨，不能有所限制，当投机猖獗、企业疯狂活跃的时候，情形就是这样。支付工具的现有量如果能任意增加，则怎样通过它来决定、来限制买方的购买力，也就是一般价格水平，是无法想象的。”[②]

然后纳西自己提供了答案。“现金支付在国际贸易中所尽的职能，同它在高度发展的国家里有关国内支付所尽的职能是完全不同的。”……“某些国家或地区的一些不健康现象，如果其发展较世界其他各地为迅速，则将造成支付平衡上的不利；国家的现金准备，也就是其银行的现金存量，结果将缩减；于是价格无约束的上涨得以阻止。因为这时是银行管理者的责任，从事限制信用，由此压低价格，制止不健康的投机，以恢复价格的国际均衡。”[③]

对“一般价格水平”的决定作这样的阐述，其不适当是不待深论的。实际上不过是说一国的价格水平，不能脱离别的国家的，也就是世界的价格水平，而完全独立地变动。这一点当然是完全正

① 《国民经济及统计年鉴》，第 51 卷，1888 年。
② 同上书，第 156 页。
③ 同上书，第 157 页。

确的，但以下还有问题需要解答，却无所提供。它只是引起了进一步的问题：决定“别的”国家的价格，也就是世界价格本身的，究竟是什么？情况可能会这样，下面我们将看到，即若干或所有国家，其价格都向一个方向变动。这时显然并没有理由使黄金作国际的运转，这就很难了解究竟是什么能够控制这样一个普遍的价格变动。价格或者将继续上涨，直到使银行的黄金存量对国际支付的需要显得不相适应；或者，价格可能跌到这样低，以致使黄金存量的过剩达到难以忍受的程度。但是我们倘使顾到各中央银行黄金存量的实际幅度以及这类黄金运输的比较微细、这些在其间确然存在的事实，那么显然，这些因素所提供的范围太广泛，是不能认为能直接控制价格水平的。

但是纳西并不坚守着这个意见。他却颇倾向于采取杜克所宣扬的观点，认为价格变动的真正原因在于“货物的方面”，就是说，由于商品本身生产和运输情况的变迁。对于这个观点，上面曾加以仔细分析，[①]证明只有数量论或货币生产成本论的支持者，才会感到对于这样的论点是可以拥护的。纳西自己曾经表示他对于这两种理论都反对，因此关于效力增进对价格或有影响的推论，在他并没有任何合理根据，这似乎是很明显的。

但是即使认为银行准备的量的确在控制着商品价格的说法是对的话，对于这个结果所由实现的机构加以审查，仍然是必要的。纳西十分正确地指出，当某一国家的价格发生“不健康的”（过分的）上涨，因此资金从那个国家流出时，银行，尤其是中央银行，有权“用限制信用的方法”（提高贴现率、售出证券等等）“压低（国内）

① 本书第三章。

价格”，但他只说到此为止。

按照李嘉图学派带一些片面性的见解，认为一切黄金运输，必然起因于或关系到一些有关国家的价格变动；但是上述一节，不能看作是对这一见解的支持。况且信用限制，并不是对国际价格均衡在破坏以后重新建立的唯一方法。一个更加重要的因素是由于国内价格上涨而引起的进口品供给的增加和出口品需要的减退，因为这一点本身就足以压低价格。银行贴现率的暂时提高，其主要目的不过是对当前到期的国外支付，促使其暂时延缓，直到进出口情况有了变化、在支付平衡方面比较有利时再实行而已。关于这些以及相类的观点，杜克学派对古典学派理论的反对意见，在许多方面可能是对的。[①] 但所论及的，似乎只是些枝节，对于主要问题的决定，没有根本重要意义。

但是我们可以很有理由地提出下面一系列的问题。金融机构对价格的权力，只是向这一个方向运用的么？假使说在适当情况下，它们可以从相反的方向发生影响，那就是说它们也可以提高价格，在论理上有没有作这样推测的必要呢？假使说这种影响，不论趋于哪一方向，只能在非常的环境，比如在恐慌时期所出现的极端情况下发生，这样说是不是合理的？假使说银行的贴现政策，或者更广泛些，它们的信用政策——不论怎样说法——对价格水平，或者维持，或者捣乱，总是要发生一定影响的，这样的推论是否有理由？若果如此，是不是认为这种影响只是限于狭窄的范围，至于实际所发生的一般价格水平的变动，乃是别的因素所促成的？若果如此，这些因素是什么性质？否则，这是不是银行的特征，它们的

---

① 详本书第七章。

权力是*无限制的*，因此在纯信用经济下，通过对利率推行一致的政策，它们可以使价格作如所想望的上涨或下跌？当商业票据和信用票据通过银行流通变得越来越寻常时，我们说在这里已找到了在现今情况下价格变动的共同原因，这是不是可能的？是不是因此可以断言稳定价格最有力的武器在于银行政策的适当掌握呢？

这些问题，虽然在时下的货币讨论中很少提到，显然对货币问题的彻底解决，有莫大的重要意义，我们将在以下几章里试图作出解答。

第七章　利率是商品价格的调节者

一、古典派理论和杜克学派

对于上述问题，银行是否有力量任意调节货币交换价值和商品价格，李嘉图作了坚决肯定的答复。据瓦格勒的论断[①]，李嘉图的答复，指的并不只是在不兑现纸币（如当李嘉图著书时英国的情况）的假定下为限，在纸币可以兑换金属的场合也同样适用；虽然，这是当然的，必须假定各国发行银行所施行的政策是互相一致的。李嘉图给博桑克（Bosanquet）的答复里曾有一段，可以证明这一点毫无疑问。"让我们假设一个例子"，他说，"假定所有欧洲各国的通货都用金属，假定各国都按英格兰银行的同样原则设立一个银行，再假定货币输出时并无利可图，在这样的情况下，试问它们能不能各自在金属流通以外，增加一部分货币？它们能不能把那个纸币部分使其永久流通？如果说是能的话，问题就到此为止；那就是说，对于已经充足的流通量，仍然可以增加，而不致引起在偿还到期票据时货币的向银行回笼。如果说是不能的话，那么我要诉

---

① 《庇尔氏银行条例下的货币与信用理论》，第 47 页。

之于经验，银行券最初问世的时候情形是怎样的，怎样会使之永久地流通的，我要请求解释。”①

按照李嘉图的看法，这样增发的纸币必然引起价格上涨。这种说法，在原则上似乎是正确的；然而不能认为价格将丝毫不爽地按比例地随着纸币发行的增加而上涨，因为纸币可以代替或排除别的信用票据，从而使流通速度降低。

我们并应注意到，关于贵金属价值相对稳定的问题，李嘉图在这里同他在别处所表示的意见②是不一致的。假使银行（更恰切些，全世界的银行）通过发行纸币——即使其纸币是完全可以兑现的——从事调节货币价值是可能的话，那么显然，单单靠了纸币可以兑现的规定，是不能保证货币的不变价值的。然而李嘉图却相信是可以的。所以我们对后来的通货学派（Currency School）须承认其未尝没有些合于逻辑的地方，不论我们对于由他们负责的庇尔氏银行条例（Peel's Bank Act）抱的是什么意见。

在杜克学派（杜克、弗拉敦（Fullarton）、威尔逊（Wilson），也有穆勒、纳西，在若干程度上还有瓦格勒等）的著作中却发现了完全不同的论调。他们认为假使银行纯粹使用在适当担保下借贷的方式，而不是用大量垫支予政府等方式来发行纸币，那么在银行方

① 李嘉图：《对博桑克先生的观察的答复》，第 5 章〔马卡罗和氏（McCulloch）版本，第 343 页〕。当李嘉图的时代，英国法律仍限制贷款利率最高五厘（直到 1837 年，限制才明确取消）。李嘉图以及别的经济学家所以惯常提到的是银行券发行的限制或扩充，而不是其利率的提高和下降，其原因就在这里。这种提法上的不同实际无关紧要；限制信用还有别的方法也同样有效，事实上比实际提高利率甚至反映更快。

② “关于一个既经济又安全的通货的建议”（李嘉图：《对博桑克先生的观察的答复》，第 391 页起）。李嘉图认为理想的价值标准是一个不可能的东西（第 2 节，第 400—402 页），在今天看来，由于已有使用指数的可能，这一意见已经过时，已不能成立。

面，其支付工具是完全从属于商业需要的，它并没有方法影响这些需要或影响价格。

例如关于前已提到的杜克的结论，其中第八条与第九条这样说：

“发行银行，包括英格兰银行（或任何别的中央银行）要在各自区域以内，对于纸币流通数额外任何直接增加，不论它们怎样有意于这样做，是没有这个权力的。当各发行银行互相竞争发行时，其中的一家或数家在广大区域内，或能使其流通有所扩大，但所以能够这样，只是由于排除了一部分对方发行的纸币。”

“发行银行同时也没有权力直接减低流通的总额；个别银行可以收回贷款和贴现，可以拒绝发行其本行纸币；但它们用这样手段收回的纸币，将由别的银行所发行的来代替，或者由别的巧妙策略来适应同样的需要。”①

这些结论，特别是其中第二个，听起来是似乎有些奇特的。一个国家所有的银行，如果其业务情况是健全的，必然有可能减少纸币流通数量，或者甚至收回其全部，这是完全肯定的。有什么“别的巧妙策略”可以来从中代替呢？是不是有什么权宜办法，比如直接交换信用或私人票据，不经过贴现，辗转传递，用以代替支付工具呢？但是这些比较原始方式的权宜办法，它们的活动范围那样狭窄，怎样能用来代替我们有组织信用制度下的支付工具！或者，是不是贵金属将由国外流入呢？诚然，这样的移动最后终将发生——虽然在开始时只是渐次地——但这只能是出于价格下跌、

① 《通货原理的探讨》，第 122 页；《物价史》，附录第 15，第 636 页。

黄金价值提高的结果，而这样的演变是与杜克所表示的见解相抵触的。再者，若从国际的眼光来看，假使所有银行施行一致的政策，则即使这种权宜办法也将不复可用。

因此必须承认，减低流通工具的量，例如通过提高贴现率，是在银行的权力以内的。反过来说，通过相反的动作，银行可以促使流通工具增加，否认这一点，也是不合逻辑的。

杜克的理论，曾由国会委员会召集一国的银行家所一致提出的著名的保证，加以明白证实。弗拉敦以如下措辞宣示了他们的意见："发行数额是完全受各该区域内当地事业和支出的范围所限制的。它随着生产和价格的变动而变动。银行既不能在这些事业和支出所限定的范围以外增加发行、同时避免所发纸币立即回笼的必然事实；也不能减少发行、同时避免被一些别的来源填补真空的一个差不多同样是必然的事实。"①

但是要注意，这里所指的纯粹是地方银行的问题，其纸币（如李嘉图所指出的）只能在其自己区域内流通，而不是指的伦敦，至于伦敦英格兰银行的纸币，当然是到处可以自由接受的。如果地方银行过度扩大其发行，照李嘉图的意见，将引起当地价格上涨，从而促使该地区货物输入增加、对伦敦输出减少；由此该地区的支付差额将迅速趋于逆势。但是关于这一个问题，杜克的论述无疑是比较确当的。杜克将这样说，地方银行放宽信用条件以后，将促使资本由各地方向伦敦转移。但不论处于哪一情况，结果是一样

① 弗拉敦：《通货的调节》，第 85 页；曾由约翰·穆勒引证，《政治经济学原理》，第 3 册，第 24 章，第 1 节。

的。地方银行部分的纸币将回笼，掉换英格兰银行纸币，用以在伦敦支付；或者，结果是一样的，将要求这些银行提供对伦敦的汇票或支票。

只有由这些银行与中央银行合作进行，绝不是单独行动，方才有可能在所有英格兰银行纸币自其境内排出以后，扩大其自己纸币的流通。即使是不兑现纸币，情况也是这样。同样地，英格兰银行的纸币流通收缩时，将迫使地方银行对其自己纸币的流通作相应的缩减。地方的银行业者的报告，其所根据的显然是事实。但这些事实与我们当前的问题没有任何关系。一个单独的银行，无论借助于纸币或支票，只能在一个极狭窄的范围内扩大其贷款范围。如果银行于供给信用时过于随便，这就会直接危及其纸币或支票，使它们会集中在别的银行手里，然后来提请偿还；或者从最好的情况来说，这家银行与别的银行往来时，可能要支付较高的往来账户利息，高于它所收入的。所以关于“银行”对货币流通以及对价格的影响，必须就整个国家，或者，在极端的情况下，就整个世界所有的银行综合起来考虑。就经济学而论，有些经济知识系由私人经济而来，只适用于私人经济，倘未经进一步研究，即施之于全国或国际方面，是极容易产生错误结论的。

有些人，如弗拉敦和杜克，就是根据这些以及相类的事实，绝对否认在现实中发生的这类价格变动有由银行政策负责的任何可能。约翰·穆勒对于货币问题居于折中地位。他的观点有些前后不相一致，[①]对于理论的进一步发展，不论在其本国或国外，并无

① 本书第六章已着重提到。

重大关系；但他除将投机和恐慌时期作为例外，得出的也是同样否定的结论。穆勒认为杜克的理论在“市场稳定的情况”下是完全正确的。那时“各人经营着通常数量的业务……或者他的业务只是随着他的资本或联系的扩大，或随着由于社会繁荣而对于他的商品需要的逐渐扩大而作相应的增加”。在这样的时期，“生产者和商人并不需要比平时更多的贷款”，同时“银行业者只有扩大贷款，才能增加发行，在这样情况下，发行额也只有作暂时增加的可能”。“即使我们可以假定银行业者将贷款利率降至市场利率以下，[①]借以造成贷款需求人为的增加，他们发行的纸币”，穆勒告诉我们，“也不能保持流通；因为借款人在利用以完成一笔交易以后，即把它付出，而收到这项资金的债权人或商人，对于这项额外数量的纸币，并没有立时使用的需要，将作为存款送回银行。在这样的情况下”，穆勒断言，“一般流通媒介，不能任凭银行业者的愿望有所增加：任何增加的结果，不是向银行回笼，就是停滞在公众的手里，价格是不会上涨的”。[②]

对于一个有这样重大意义的问题，穆勒所据以阐述的只是一个孤独的例子，而且其推论也很不确当，这是一个很大遗憾。一个指定数量的纸币，将继续流通到多久，是一个很长的还是很短的时期，是无法断定的。穆勒所举的例子，倘从它的反面设想，也是同样容易的。可以假定这项纸币并不流到一个单独的商人手里、由他送还银行，而是以零星数目付给为数众多的各不相关的人，这样

① 着重点系魏克赛尔所加。——原译者

② 《政治经济学原理》，第 3 册，第 24 章，第 2 节。

这项纸币将消失在流通中。但这仍是不能说明什么的，因为这时是否会有一个相当数目的别的纸币被排出流通，是无法肯定的。银行方面这样的举动，其结果是否会增加流通，最后须看这措施的本身，其意图是否在于引起价格上涨而定。易言之，价格上涨的真正原因，不当求之于像这样的纸币发行的膨胀，而是在于银行供给信用的趋于放宽，这一点本身就是膨胀的起因。

这一点将非常明显，如果假定我们不是处于这样一个颇为复杂的制度，而是处于另一个想象的制度，其间一切支付概用支票。[①] 那时将完全没有“货币流通”。支票照例地在一天或两天以后回到银行（或者更恰切些，回到银行中之一，然后到银行的票据交换所）。在我们以前讨论中的情况是纸币发行的膨胀，现在相应的情况是银行周转的增加。这一情况是否发生，这时主要是看银行贴现率的降低，其意图是否在于通过此举的本身来引起价格上涨，这是显而易见的。

二、最简单的假设。当市场情况在别的方面不变时利率的变化

这是很明显的，关于现时价格，其情况也是如此——但以在这样的假定下为前提（这个假设将始终贯穿在本章里），那就是当利率低落，或者再广泛些，当信用松懈时，市场情况并没有任何别的变化，因此真正增加了企业的获利能力。在以下几章里，我们将放

① 参阅本书第六章。

弃这个纯属臆想的假设，将考虑正常得多的情况，在那个情况下利率的改变，将往往会跟着发生（或者是起因于）别的方面的经济变化。在这个范畴里所起的争论，其间足有半数可以归因于对这个重要区别的缺乏注意。

在穆勒所举的例子里，有一个“人为地增加贷款需求”的问题，前已特意述及，这在通常情况下是不会发生的。借款人现在有意于完成某项支付，而这项支付原来是准备省免的，或者要推迟的。或者是他愿意买进某项商品，而这项商品原来是根本不要买的，或者要以后再买的；或者是他愿意用现款完成一项支付，而原来是预备用赊欠办法买进的；最后，或者他对于自己货物的全部或一部分，希望暂时不投入市场，于是为了从缓卖出，他向银行借款，以应付当前的或正在磋商中的债务。在第一个情况下（别的方面情况不变），一般货物的需求有了提高；在第二个情况下，需求的提高集中在现款购入部分；在第三个情况下，货物的供量降低。如此，所有三个情况都提供了价格——现时价格——上涨的基础。

这个正是杜克和他的同派者所热烈争辩的论题，其所展示的一些例子，从表面上看，未尝没有说服力。低落的利率，随之而起的并不一定是高昂的或上涨的价格。实际上，通常发生的倒是相反的情况。纳西说，[①]“在大商业中心，贴现率和较主要商品的价格，往往差不多在同时低落，并在深度萧条中持续到很长时期，直到”某些外来原因“终于唤起了企业精神”。……“一个国家的信用

① 纳西，“信贷对贵金属交换价值的影响”，《历史政治学期刊》，第 21 卷，1865 年，第 146 页。

机构，不论它怎样甘愿按照尽可能低的利率供给资本，要靠它自己的行动促使价格趋向涨势是不可能的。对于现有购买力要加以真正利用，必先具有某项别的刺激”。

对于这一例子的性质以及其可能的解释，我们将作详细叙述。目前我们对于这种推论本身须简单说一说。纳西所说“别的刺激”，他所指的除了较高利润的希望，当不可能是任何别的。这个希望的来源或者是由于对某类商品预期其需求将增加，或者是由于技术上的发现、工资的降低等等，因此生产者的收益可望提高。至于就各个商人而言，他的利润的来源是由于总收入提高、是由于成本（就其狭义言）降低、还是由于信贷条件较优，在他是无足轻重的。由此显然可见，贴现率的降低，除非被别处同时的变化所抵消，当它坚持了一个很长时期，以致对长期信贷利率发生了压抑影响时，它对商业和生产就必然是一个刺激，将这样地改变货物与生产性劳务的供求关系，以致势必引起一切价格的上涨。

有些企业，其活动的扩大和收缩，受到技术上原因的阻止，因此利率的升降同它们很少关系，这是事实。还有很多企业，利率的变动，对于其前途趋向是一个决定性因素，这也同样是事实。有些企业，对于扩张计划处于完全准备就绪的状态中；有的则早有准备，只是在等候到有利机会时即实行；还有的是情况不佳，是继续下去还是收歇，正在考虑中。就所有这些情况言，信用的为张为弛，也许是它们决策的最后关头，已经拟定的计划就要看信用的风色来实行。今天几乎每一种企业，都是在各种不同形式的借入资本下经营，信贷供应时，其利率是三厘还是四厘、是六厘还是八厘，说这是一个完全无关紧要的问题，是不可想象的。

信用趋向松弛，可以造成生产（以及一般商业）扩大的趋势，但无论如何，这并不等于说生产在事实上将有所增加。倘现有生产手段、劳动等等已经充分使用，生产即一般不会有所增加，或只能作比较微小的增加①（个别的企业的确会有所扩大，但这是以别的企业作牺牲，受到影响的将不得不有所收缩）。但这绝不是说价格的上涨会有什么障碍；对于原料、劳动、土地等等以及直接间接地对于消费品需求的超过供给（由信用松弛而起）是使价格上涨的决定因素。

信用对价格的影响，其性质所以到现在还完全处于蒙昧不可解之中，其主要原因之一，倘使我没有误解的话，当系由于对趋势和事实这两者之间的重要差别的忽视。关于这方面的混淆，我们不久还要谈到一个甚至更加重要的原因。

对投机（就这个词的狭义言）通常是不必集中注意的；这里的情形就是这样。杜克指出，②真正的投机购入（期货交易等除外）是绝不会发生的，除非投机者能够预期物价将作比如10％的上涨，那时他对于信贷将多付或少付1％左右的利息，对他是关系不大的。这也许实际上是正确的，但这种交易属于例外一类，当处于投机与恐慌时期，才占重要地位。当讨论到根本的、要持续好几年的价格变动时，我们所必须考虑的并不是那些例外，而是那些日常正规的、往复的交易，要探讨的问题是，根据金融与商品市场情况，那些交易在什么价格下能够或将会受到影响。

实际上利率只是按5‰到1％这样逐步地变动的，每一变动，其间也许有一个很长的间歇时间，当此时间，利率（或者，无论如何银行利率）是完全不动的。因此这些变动看来似乎是太小，对价格结构所发生的只能是极细微的影响。假定我是一个商人，将我的货物

① 参阅本书第九章。

② 《物价史》，第3卷，第153页。

售出后得到的是三个月期汇票，持以贴现时，我原来要付出四厘利息，现在只须年息三厘。结果是由于这一事实，对于我的货物，我获得了较高的现金价格，于是通过这笔交易，有一个较大数额的货币“投入流通”。但是很容易看到，所上涨的不过是正常价格的2.5‰。况且交易合同也许还未全部履行，因此卖方也许还不能将这额外利润全部由自己保留。他可能受到竞争的威胁，不得不将其中的一部分分给买方。假定这项由于信贷松弛的利益，是由他们双方平分的。于是售方按信用价格计算时，下跌了1.25‰，但由于贴现率降低，其现金价格则上涨了1.25‰。现在假定买方宁愿付现，所需的价款，由他自己筹借。这时他如果打算按三个月期卖出这批货物，则由于利率降低1%，使他能够提高价格至多可达2.5‰——始终假定他自己在将来所得的价格，不能预期上涨。但在这里，价格实际也不会上涨到最高度；可能只涨起、比如说1.25‰。

但情况往往是这样，利率极微细的下降可以立刻引起价格的大得多的上涨。进货时，其价款可以用信贷方法支付的，其间所利用的信贷时期愈长，则其价愈高。举一个例子，当制造一件商品时，使用原料或劳动力，须经过一、二、三或更多年以后，制成品才能产生。那么利率降低1%时，在极端情况下，将显然使这些原料和劳动力的时价上涨1%、2%、3%或者更多些。倘若所从事的投资实际上是“永久性的”，例如房屋、铁路和耐久的机器，其价格的上涨可能还要大得多。如果铁路公司发行债券，其利率可以由四厘改为三厘，其他情况不变，那么它们对于其一切需要所付的代价，几乎能提高$33\frac{1}{3}$%：一亿马克的四厘和$1\cdot33\frac{1}{3}$亿马克的三厘，完全是一回事。

个别货物和劳务，其价格甚至作更大的上涨，这当然是可能的。生产中某些因素，其价格的上涨或者会比较迟缓。劳动力的情况就多数会这样，这是因为普通日工的供给市场是那样地大。其他因素——例如拟征用的土地和房屋、供作原料的钢和木材——其代价此时将相应提高。

通常看到的是在所谓扩张时期，商品中其价格首先显著上涨的，正是供作进一步制作用的那些原料。这种观察的正确以及其有关的解释都是无可置疑的。但是有一个必要条件，只要价格的涨风系起因于松弛的信用，而不单是由于别的、如技术进步等原因，那么短期借款利率的松弛须持续到足够长的时期，使之能影响到长期的利率、也即所谓证券利率。我们注意到，贴现率偶然的、临时的变动，其本身对价格是不会有任何显著影响的。在这一点上可以承认杜克的话十分正确。他同李嘉图相反，他认为银行贴现政策本身对于在国际或各地区间资本的移动、对于一些非固定性债务的延缓支付，有其直接重要意义，至于关涉到价格结构，其重要性是较小的。

可以注意到，关于贴现率和商品价格，所以不能望其两者之间有任何密切关联，上面所说的，其本身就是一个原因。两者相互间的直接影响本来是微弱的，可以很容易地被别的因素所掩蔽或全部抵消。[①] 但是一等到长期利率起而共鸣时，假定别的方面情况没有变动，价格将突然上涨，于是举世共瞩，“向上的局面”开始了。我们稍缓将提到吉分(R. Giffen)所提供的一些统计资料，对于这

① 参阅下文。

一原则似可资印证。

如果我们把在长期投资中所需原料和劳务价格的变动以及其对于别的商品价格的反应都搁开，则当利率发生大变动时，它对于价格的影响似乎是极为微弱的。

我们甚至可以假定，价格即一度受到影响，不久也将自动回到其原来水平，甚至还可能回落到水平以下。在上述第一个例子里，在三个月以后支付的信用价格，将完全不受贴现率降低的影响；在第二个例子里，则其价实际将被压低。但是如果对将来的价格水平，据以作出这样的推论，将流于虚妄。对于即时交割的货物，当时议定价格，但不支付价款，须待将来的某日支付者，这并不是期货价格。这是附有利息的现时价格，同那些货物或劳务在将来供给、须在将来支付的价格，其水平要凭将来所存在的供求情况的关系来决定的，其间并没有共同之处。

有一个例外我可以想到的是这样的情况：卖方的劳务也要在将来供给，换个说法，即工作系经约定担任，或者销售系在预约的基础上进行的。这将在以后述及杜克关于利率对生产成本影响的一个很切当的观察时，再作详细讨论。

有些人以为利率的一次单独的、但是持久的变动，其影响只能限于眼前的冲击，因此要价格进一步上涨，就需要利率作进一步低落；如果可以这样假定的话，那么利率变动对价格的影响当然是极微细的了。但这个假定，将直接导向荒谬的结论。

事经仔细考虑以后，情况往往会显得完全不同。可以假定，低利率的维持，如其他情况无变化，其影响不但是恒久的，而且是累积的。要了解其间的关系，必须注意货币价格的近于形式上的性质，还须注意到经济机构中的所谓惰力。

显然货币价格的决定，往往好像是建立在很虚幻的基础上，但是要适合自己的意图来规定价格，是在任何个人的权力以外的。任何各个的买户或卖户，对价格的变动不能不俯就范围；要按较低的价格买进或较高价格卖出，除非这一有关商品的别的买户或卖户马上跟着照样做，否则这样的企图结果必然不利。就整个经济系统来说，当价格结构一旦组成以后，是不会有任何更改的趋向的。例如当价格的上涨一旦普遍分散到一切种类的商品时，相对价格的平衡即再度恢复；而就生产和消费言，唯一具有重大关系的就是相对价格。

诚然，当价格上涨以后，那些固定货币收入者，为了适应情势，将缩减其对于各种货物的需求，他们这样做时，将有助于抑制价格的向上变动。但是如果他们不能掌握自己的“货物”，使之从市场上退缩时，不久就会达到一个新平衡局面，在商品的年产中他们所获得的那一分将缩减，而社会中其他阶级所获得的部分将相应地增加。否则如果他们能够约束自己的劳务，比如官厅职员由于生活费上升而薪给得以增加，他们的情况就不再是一般规律的例外。当价格普遍低落时，情况可类推。

由此可见，利率的降低，即使是偶然的、暂时的，也将促使价格作确定的上涨，不论其涨势为大为小，即使在利率回复到原来价值以后，仍将作为一个长久的特点持续下去。如果利率停留在低水平上，继续到一个相当时期，其对于价格的影响必然是累积性的；那就是说，在均一的时间间歇、在完全相同的情况下，这种影响将反复地继续下去。生产者对原料、工资、租金等等将增加支出，但对于他自己的产品也将获得相应地较高价格。这时他的情况与价格未上涨以前完全相同，因此对于所需要的贷款，他能够按以前同样的利率支付。但是如果信用机构继续推行着较低利率，他对于原料、劳动力和土地，就能够出比以前稍高的代价，而在若干程度上竞争也迫使他这样做。结果工人和地主的要求提高，这将使消费品的价格进一步上涨，如此价格将不断地涨了再涨。

由于信用条件的改善，使我们的商人，对于准备在三个月后卖出的货物，能出较高的现款价格，即使他预期收入的货价并不会高于正常售价。但在三个月终时，他将欣然发现，他实际却能够按高于正常的价格卖出其货物。这时他对于以后三个月将布置相类的买卖，布置时他多分是要以时价为计算根据的。这时即使信用条件已恢复正常，他仍然能出较高价格。如果他的银行继续按低利率计息，那就使他能负担更高的成本而不致亏损(事实上大致他也不得不这样做)。在这样情况下，每三个月，价格将发生一次等量的上涨。

当资金用于耐久物品的投资时，其情况甚至更加明确。我们假定利率普遍由四厘跌到三厘。我们已经看到，那时一切永久资本物品，比如住宅，其价值将提高 $33\frac{1}{3}\%$。关于建筑需要的原料和劳动，其价格涨到在这个范围内的任何程度都是可能的。这是以房屋净所得(特别是租金)将来并无变动的假定为根据的。但是工资、土地租金等等将提高，而由此关于货物，包括房产的货币需要(money demand)①将提高。租金将提高，虽然房产所有人关于修缮之类的开支将比例增加也是事实，但可以断定，他们的净收益将按比例地有所增加。这将促使房产价格进一步提高(虽然不是原来涨度的十足等量)，由此将间接地促使其他每一种货物的价格走着同样的步伐。必须承认，这样的推论方式需要作某些补充。

① 原文为“财富需要”〔Geldnachfrage (moneyed demand)〕。——原译者

一个异常大的数额的投资，现在可能要集中到耐久物品方面。结果有些物品，如房屋，可能会比较的生产过剩，而其他商品则可能会比较的生产不足。但其意义不过是使相对价格将更加迅速地趋向平衡。只要是别的情况没有变动，货币价格的平均水平的下跌或甚至停止上涨都是不可能的。

我们还可以更进一层。价格的向上变动，往往会有些“自取其咎”的。当价格稳步上涨经过一段时间以后，企业家所凭以计划的根据，将不单是已经达到的价格，而是将要进一步上涨的价格。这一点与相应的信用松弛对于供求的影响，显然是一样的。

实际上影响甚至还可能更大些。信用松弛的影响，最初只是限于那些从事借贷的人们。但是当价格已经涨高，并逆料其还将继续上涨时，这就使差不多每一个买户愿出较高价格，而每一个卖户也都是这样要求了。

这时单靠银行恢复利率的原来水平，要由此立即停止价格的继续上涨是不够的。这同价格不望其改变时，将利率略为降低对企业界所发生的影响是一样的。另一方面，如果银行使利率继续维持在低水平，则对于价格的走向高坡，将有两个势力在活动，上涨将相应地更加迅速。

但是只要企业继续着在正常轨道上经营，价格的累积性变动是不会演变到崩溃状态的。[①] 由于受到价格累积性变动对供求的影响而发生对价格将

① 在“银行利率是物价的调节者”（《国民经济与统计年鉴》第 68 卷，1897 年）一篇文章里，我所写的也许过于粗率一些。无论如何，关于上述的一些考虑，当时没有能顾到。

继续上涨的预期，这种预期，由于其本质上的关系，其本身只能促使价格比实际所预料略为小一些的上涨。因为倘将所预期的涨度全部包括在实际价格之内，买方将不能获致任何利润；而卖方所甘愿的，几乎总是偏于宁可少些而稳固些的利润，而不是那略为多些但不大可靠的利润。

就是为了这个原因，当信用的松弛状态中止以后，价格是迟早要安定下来的。我们假定，一般预料（虽然没有什么实际依据）在以后的三个月，价格将再涨百分之 p。然而实际上涨只能达到百分之 ap，这里以 a 代表单位的一个不足数，也就是一个真分数。于是对以后三个月价格的上涨，只可能预计为不超过百分之 ap，而这个预计则只能促使价格实际上涨百分之 a^2p。情况就这样继续下去。另一方面，如果信用继续松弛，价格将当真的作无止境的上涨，那么一年的增进率也绝不是无限高的，充其量将达到某一有限度的值。

倘市场处于投机势力之下，则将转入完全不同的局面。这时买进货物，不只是转让给别的生产者，从而通过正常方式分配给消费者，而是赶速传递给别的投机者。时间因素，在情况正常时是关键所在，现在已失去其重要意义；对于价格的大概涨势，即最粗略的估计，现在也无从下手。不安定的情绪笼罩着市场，价格在不断飞跃，猎取暴利非常便利，于是情况可以迅速达到疯狂程度。此时信用的代价虽然越来越高，而价格的上涨几乎没有限制。但是当价格终于转入宁静状态时，更多盈利的希望已经消失，而信用情况却是那样紧张，利率那样地高，于是立刻转入相反动向，其演进的形态同以前正复相类，可能把价格很快地望下拉，甚至拉到正常水平以下。

这类例外变故且搁置不论。我们所关切的是价格正规变动的固有的发展。

关于信用松弛必然引起价格上涨这一规律，我只能想到一个例外。情形是这样，货物系预先定制，或者情形也是相类的，货物卖出时约定在将来交割(即期货交易)。这时生产者或销售者在估计成本时,必须将经过期间所负担的利息支出计入。因此利率降低将使售价下跌。假使一切生产,都是在预先商妥价格的条件下进行,情况将如何演变,似可不必深究。在现实世界中,这一因素与价格的一般动向相对照时,不过是一个细小的逆流;因为在接受定制下的生产,其生产经过期间(或者是迄预约交货之日止所经过的时间)与供给货物所需要的以及随后使用的全部时间相对照时,大都只占到一个极小部分。例如一个铁路公司向钢铁厂订购钢轨一批。厂方由于信贷条件较优,索价可以较低;但信用的松弛如果持续到一个足够长久的时期,这个情况的本身将促使制造成本大大提高,因而将促使公司方面采购的愿望大大提高。

这是关于赞同杜克所作的独创之论(虽然,就我所知,尚未见到他的门徒在这方面有所附和)尽我所能说到的一些。杜克的论题、或结论的第十四条,我们在前面曾屡次提到的,有以下的论断:

“利率降低不一定促使商品价格上涨。相反地,这是一个促使生产成本减低,从而促使价格低贱的原因。”①

有一个公认的事实,认为利率的提高,始终是一个制止支付逆差、鼓励金银由国外流入的适当方法,而上述杜克的观点是与此说相矛盾的。杜克曾试图应付这个困难,他说银行贴现率这样的提高,并不是“这样地恒久不变,以致影响生产成本”;但是,他说,这将引起信用的扰乱和“广泛的倒闭”,由此往往促使价格暴落。如此杜克似乎主张同一程序,由于运用于长期和短期的不同,却产生绝对相反的结果。这是否可能、是很可怀疑的。

① 《通货原理的探讨》,第 123 页;《物价史》,第 6 卷,附录第 15,第 636 页。着重点是我加的。

在相反的情况下，从支付的顺差推论，也得出同样荒谬的结果。有利的差额将使金银内流，这一点势必、或至少可以促使利率降低。依照杜克的说法，那时国内价格仍将进一步下跌（除非对于暂时的与恒久的信用松弛，两者所发生的影响，这里也承认其有某些根本上的区别），如此支付差额将变得越来越有利，而货币将累进无已地流入。

商品价格决定于生产成本，价格随成本的高低而升降——这一论点，无论如何，只是联系到相对价格时才有意义。[①] 将这一论点施之于货币价格的一般水平，就会形成一种概念，这个概念不但是虚假的，而且无法从而获得一个清晰的阐述。现在可以得出结论，除上面提到的一个例外，杜克的论点，不论在理论上、在实践上，必须认为是错误的。

杜克在《物价史》的别的几段里重提到这个论点，但在措辞上有所修改，说这个论点特别适用于生产时需要使用巨额资本的那些种类的商品。只要是就相对价格来说，这是完全正确的，但这同我们目前所讨论的问题没有关系。

我们得出的结论是：只要市场情况没有变动，信用机构所布置的利率，其任何恒久性的降落，不论怎样微细，将促使一般价格水平在一个持续的、带几分均一的情况下，上涨到无限制程度。同样地，当利率上涨时，不论怎样微细，若持续到足够地长久，将促使一切货物和劳务的价格不断地、无限制地下降。

这些论断听起来似乎非常大胆，而且的确有些奇特。但是我们要记住，我们所提到的“先前的”或“正常的”利率，一切背离即被想象作系由此出发的，并不老是同样的，是不能以若干百分数来考虑的。它的含义，仅仅是，照顾到市场情况，为维持一个不变的价

① 详见本书第三章。

格水平所不可少的那个率。这样一个率必定始终是有的——这就是我们全部论证所依据的、不容置疑的假设。在下一章里，我们将考虑这个率到底是否存在，怎样达到其完成任务的目的以及关于决定利率的根据的相类问题。

现在应该明白，就我们所假设的结论而言，是与实际相一致的，然而实际货币价格在变动和平衡中所表现的现象，尤其是在充分发展的信用制度下，与相对价格所表现的却根本不同。后者或可比之于一种满足稳定平衡（stable equilibrium）条件的机械装置，譬如摆锤。每一个离开平衡地位的变动，就促使一些力量发生作用，使之回复到原来地位，变动范围越大，所起的作用也随之增大，而且在实际上也确能收到效果，虽然可能发生一些干扰。

就货币价格言，作相类的譬喻时，可以比之某种容易转动的物体，譬如一个圆柱，它在所谓随遇平衡（neutral equilibrium）的状态下停留在平面。这个平面是有些粗糙的，需要某种力量来推动这个“价格圆柱”，使它不停地运转。但是当这个力量——利率的提高和降低——在发生作用时，圆柱将依不变的方向移动。在一个时期以后，它将开始“滚进”：运转迄某点为止是一个加速的过程，这时即使力量已停止发生作用，它仍将活动一个时期。圆柱一旦静止以后，就不再有恢复到原来地位的倾向。在没有相反的力量起来推动它回转以前，它只是停留在那里。

这当然是很明显的，不论信用制度可以怎样地发展，如果是以贵金属或某种别的物质材料作为货币基础的，这样的力量是绝不会完全不存在的。要研讨这种反应的性质以及其动作情况，简单的数量论已经不再适用。这个问题，我们在下面不久将加以考虑。

第八章　资本自然利率与贷款利率

贷款中有某种利率，它对商品价格的关系是中立的，既不会使之上涨，也不会使之下跌。这与如果不使用货币、一切借贷以实物资本形态进行、在这样情况下的供求关系所决定的利率，必然相同。我们把这个称之为资本自然利率(natural rate of interest on capital)的现时价值，其含义也是一样的。

通常总是说，在现代社会，资本(指流动的一类)是以货币的形态出借的。但这是一种含糊、模棱的说法，容易引起误解。我们现在所研究的是流动资本，换个说法，也就是货物，这绝不是出借的，绝不是用借贷的方法接受的，它们只是被买进或卖出的。

即使商品信用，不论从法律或从经济的观点来看，也并不涉及任何的商品借贷。这是一个支付暂时延缓的销售行为，或者，如果你合意的话，是现金交易与货币贷款的结合。否则将有必要将同样的或同一件的货物附加利息归还；或者将有必要提出保证，按约定数额的货币，于支付货款时可以换取到与购买时等量的商品；但情况绝不是这样的。

现在拟用适当例证，为我们的论点找出更确切的根据。假定一个企业家，他自己没有资本，或者至少是没有流动资本。他为了购买原料，为了支付工资和租金，也为了生产时期自己的生活费用(还有别的需要，例如赋税，但为简化起见从略)，需要资金。假定所有这些资金都是用来购买制成消费品(finished consumption goods)的，由工人、地产所有人，还有企业家分别用来适应他们自己的需要；就用以购买原料的那个部分而言，原料制造商再用以支付工资和租金(还有一部分留给他们自己)，这些也立时被用来易取制成消费品。按这项流动资金终须有一个来源。为简化起见，假定各有关消费品的当前所有人是资本家；那就是说，他们对于不论这些物品本身或借以换取到的别种物品或资金，眼前都没有需要。因此如有必要的话，他们可以接受延缓支付的办法，延缓到假定说一年。

我们可以在理论上假定，这位企业家向资本家借入这些消费品时，所借的是物品，然后以工资和租金的形态付出时，所付的也是物品。到生产时期结束，他用自己的产品，或者直接地，或者换成别种商品，偿还了借款(假定相对价格没有变动)。如果以借入资本从事经营的企业家都采用这个方式，则由于竞争的结果，将产生一定定率的利息，以商品或别的形态付给资本家。利息的数额将决定于资本的"供给和需求"。但是这样说对我们还是很少启发。我们可以为这个利息设定一个最高限度，这样来谈，意义比较明白。这个限度的值，是总产量(或者换成别的商品时其等量)除去必须支出的工资、租金等以后的溢额。这个溢额的量，一方面视企业的生产力，另一方面视工资与租金的水平而定。这个问题，在下一章将作比较详细的讨论。显然，企业家支付利息是不能超过这个限额的。同时，由于同别的企业家竞争的结果，他所支付的也不得不很接近于这个限额；因为在经营中无可避免的风险，在经济时期的长期持续中将消除，而企业家一己的利润总是限于同他的

实际才干相应的那个数额的(同时也是限于他可能具有的一些独占因素的,如业务上的秘诀、关于场所或关于顾客方面的特殊优势等——除非认为这些是收益的额外来源)。

但是由于关系到主观价值这一概念的一些原因,作为一个企业家,其获取盈利的可能比遭受亏损的可能总是要稍大一些的。否则其"道义上的期望"将变成是反面性的了。但是在很多情况下,由于企业家的赌博精神,就他们的行动而言,往往使这个规律不能适用。

现在如果货币按照与上面所述同样的利率贷出,则从纯形式观点来看,这个利率不过是一个幌子,借以掩蔽着一种程序,而这个程序没有它也照样可以进行的。这时经济平衡状态仍然是可以完全照样达到的。在这样的情况下,价格水平将没有作任何改变的理由。在发展的信用制度下,各种交易中使用的货币是一个无限小的数目,如果普遍使用支票(或纸币),则金属货币简直完全没有需要。一切所发生的,无非是由银行贷款给企业家,然后由他们凭以签发支票。这些支票(或纸币)以工资和租金的形态流到工人和地产所有人的手里,然后由于对日用消费品的支付,流到资本家的手里(为简化起见,假定这些资本家同时也是商人),最后由这些资本家送交给银行,转化为存款。以资金直接出借给别人时所得的利率,与银行对存款人所支付的利率有所不同,这是由于银行方面可以提供较大的安全和便利,这一差异可以由此得到补偿(还有,银行的债权人和债务人可能逐渐与银行脱离其临时的关系,而彼此之间互相发生直接关系;[①]但关于这类的可能,兹从略。)到生

① 详见本书第六章。

产时期结束时，制成品已经完成，那些“商人资本家”将更新其存货。他们利用银行贷款，以支票(或纸币)向企业家购买产品。再由企业家将这些支票付给银行，以偿还他们对银行的债务。如果他们希望继续进行生产——在正常情况下总是这样的——他们不久即将通过贷款方式，将一个差不多相等的数目再度支出。这样的程序将周而复始地继续下去。

这里并没有考虑到价格的提高或降落。这是的确的，由于生产情况变迁的结果，例如由于技术进步，使一种又一种的商品，可以在劳动及其他生产因素费用减低的情况下获得，必然会使相对价格不断地扰动。但货币价格的一般水平，说由此会发生任何改变，却没有显著理由。某些种类商品供量的增加，其意义就是对其他一切种类商品的真正需求的增加。那么，假若在符合使用贷款时所要求的真正利益的条件下，可以获得任何所需数量的资金，为什么这种情况会促使平均价格水平下降呢？

现在让我们假定，银行和别的贷放资金者，其贷款利率与相符于资本自然利率现时价值的那个率有所不同，不是比它低些就是高些。制度的经济平衡因此被打乱。如果价格没有变动，则在第一个例子里，企业家将获得超额利润(以资本家作牺牲)，超过其真正的企业利润或工资。只要是利率依然保持着同样的相对地位，这个情况将继续下去。这时企业家将无可避免地受到诱引，从事扩充业务，以充分利用这个有利事机。转变为企业家的人数将有非常的增加。结果劳动、原料以及一般货物的需求都将增加，于是商品价格势必上涨。

如果利率上升，将发生相反情况。只要价格不变动，企业家所得将在正常收入以下，将有使企业活动局限于有较大利益部分的倾向。货物与劳动的需求将减退，无论如何，将落在供给的后面，于是价格下跌。两个例子的结果，其情况将正如上面所描写的那样。

但以上所述，是以市场情况不变的假定为依据的。现须就论证的物质根据方面作重大和必要的扩充，同时保留我们论证的主要精神。自然率①并不是固定的或不能改变的量。关于决定这个量的根据，在下一章将作比较详尽的讨论。一般可以说，这是决定于生产的效率、固定和流动资本的现有量以及劳动和土地的供给的，总之是决定于决定一个社会当前经济情况那些数不清的事物的；这个量就跟着这些因素不断地变动。

所以这两个利率准确的吻合是不会有的。可以这样说(平均)自然率的变动(以大数法为根据)是持续的、不间断的，而货币利率则大都只是在不连续的、突跃的方式下作譬如 5‰或 1％的提高或降低，无论如何，这是由那些大金融机构支配的。货币利率比自然率可以高一些，也可以低一些，但并没有理由说不能希望这两者之间相切合到一个足够的程度，从而防止价格的巨大波动。所以我们的问题是要证明：当价格上涨趋势已经显露的那些期间，契约利率——货币利率——与自然率对比时是低的，而当价格下跌的期间是相对地高的。只是在这个相对的意义上，货币利率对于价格变动乃有其重要性。这就可以立即看出，要试图论证，利率或贴现率的绝对变动与价格变动，其间存在着任何直接关系，是完全无意

① 从这里起，所谓“自然率”系指资本自然利率。——原译者

义的。

换个说法，如果将自然率的现时价值要加以确定并明白举出是可能的话，这就可以看出，实际货币率对自然率的任何离差，其离差的向下或向上，是与价格的上涨或下跌有关系的。但是如果将比较中的介词(middle term)隐去——如果就价格水平与利率作通常的直接对比——则我们看到，价格上涨，不但可以与低利率也同样可以与不变的或高的利率同时并存，价格下跌，可以与不变的或低的利率并存，也可以与高利率并存；这是因为自然率的变动是可以比货币率更进一层的。

关于这个问题的讨论所以这样空乏，主要就是由于忽视了这个显明的可能性。如果要寻出，相随着高物价的，究竟是高利率还是低利率，就得了解一下高利率或低利率的真正意义。那时或者可以看出这实在是一个相对的概念，对任何一指定利率，要有可能作出决定，究竟它是高的还是低的，必须提供更进一步的资料，那就是自然率的水平。

这类的探讨，将是本书第十一章的主题。我们现在要研究的是：金融机构是否有可能将利率保持在任何所想望的水平，或者，由于供求力量在金融市场活动的结果，它们是否迟早要俯就自然率的范围。后者是经济学家一般所持的见解。在原则上，他们是完全正确的；但是关于这种利率怎样趋于一致的方式，却往往缺乏任何透彻的解说。货币利率首先是待决于货币的过剩或不足。那么到底是怎样会最后决定于实物资本的过剩或不足的呢？

“利息是什么？”倭克尔(F. A. Walker)①提出了问题，接着他作了答复。“这不是对货币，而是对资本的使用所给付的报酬。货币只是资本的多种形

① 《货币与工商业的关系》，第80页。

式之一;贷款通常只是一种代理作用,由此完成除了货币本身以外、其他形式的资本的转移。如果我借了货币,我就可以立刻,或在短期内,买进我业务上适用的物品或我个人的必需品。……这些就是我实际所借的。从问题的任何哲学观点来看,我支出利息,就是为了这些,而不是为了货币。货币只是达到这个目的的手段。……"

这样的推论不够深入,未免过于笼统。倭克尔应该把从"问题的任何哲学观点"出发的、在现实生活中所由达到同样结果的机构作用指出来。因为在事实上借出的是货币,并不是用货币买到的货物。利率是同货币所有者而不是同货物所有者交涉的事情。

最杰出的作家中,对于这个论题有提出很特殊的见解的。哲逢斯认为在信用制度下,商人通过贷款买进货物时,他并不是这些货物的真正所有人。"虽然商人并不是货物的主有者,但总有人主有它们,这些人贷出资本,或对于由交易而来的票据加以贴现。这个资本是有限度的,当固定投资时期,其现有量减少,因此价格趋涨。正是由于这个资本的消耗限制了信用,由于信用的限制,迟早必然使价格停顿下来,甚至使之回落到比以前曾经达到的更低得多的程度。……由于信用的具有弹性,必然使价格有较自由的回旋,但信用的膨胀总是要受到现有资本'界限明确'(原文如此)的范围所约束的,而资本的最后凭借,即在于存……英格兰银行的纸币准备,相等于黄金。"①

根据所述,几乎无法获得一个"界限明确"的印象。哲逢斯对于"资本"的含义,有时似认为是货物的存量,而有时则说是黄金或英格兰银行的纸币准备。但不论那一解释,其言实无任何有理性的意义。当流动资本对固定资本作任何过度的转变时,货物存量自将减少。但是货物的不足,怎样能看成是

① "黄金价值的惨跌",载《通货与金融的研究》,第 31、32 页(再版,第 27、28 页)。着重点是我加的。纳西有相类似的论述,前引著作,第 149 页起,并载沙林:《普鲁士年鉴》,1895 年。

利率提高或价格跌落的原因呢？与此相反，商品的现有存量愈小，其他情况不变时，则货币的需要也愈少。因此利率将不是提高而是降落，而价格则将进一步上涨。至于货币存量，显然是绝不会由于流动资本转为固定资本而有丝毫变动的。

著名作家而会有这样的错误，这就很好地说明了这一论题的困难。为避免这些困难，我认为最好将各种实物资本转化的问题暂时搁开，因为这只能使问题复杂化，目前可在商品市场情况无变动的假定下，集中于金融或信用市场的变动方面。然后当有可能将这两种势力加以结合。这实际上就是我们所要进行的研究方向。

若从探索真正原因着手，而不只是满足于"以货币形态贷出资本"这类空泛措辞，则应当看到其间使两者相接合的环节在于商品价格的水平。唯一可能的解释途径，在于货币率与自然率两个利率之间的差异对于价格所起的影响。当货币利率比较的过低时，则一切价格上涨。货币贷款的需要因此增加，由于现金持有的需要的扩大，其供量减少。结果是利率不久即恢复到正常水平，于是仍与自然率相一致。

同时这也是很明显的，在一个弹性的货币制度下，利率对于价格变动只会有微小的反应，两个利率之间的一个大致的差异可以保持到很长时期，而由此对于价格的影响则可能是很大的。

由于现金保有和贷款业务以及汇票、纸币、支票和清算方法的使用都集中在银行手里的结果，那些阻遏着在理想上完美的货币流动性的种种实际障碍，正在逐渐扫除。货币正在不断地变得越来越流动，货币的供给，越来越倾向于能够适应需求的水平。上面曾提到，在我们理想的情况下，每一笔支付，因此即每一笔贷款，都是用支票或汇划的便利来完成的。于是已不再可能将货币的供给同它的需求划分开来，看作是一个独立的量。不论向银行所要求货币数额是多少，那就是银行能够贷出的数额（只要借户的担保是适当的）。银行不过是在借户的账上记入一个数字，表示给予了一笔贷款或发生了一笔收款。当开出了一张支票，随后送到了银行时，银行记入支票持有人的账，如数作为存款，或如数减少其欠款。这样就由需求本身提供了“货币的供给”。[①]

至于存款到期日是否与贷款时期相配合，这在银行是不必担心的。按照我们的假定是，存款的每一笔支取，必然要带来在别处一个相等数额的存入，或者一个对欠款相等数额的偿还；因此，就银行而言，或者更恰当些，就整个银行业的综合而言，即使其存款可能同时到期，也可以在顷刻之间，在限度以内，订约贷出任何所求数额的资金，按照任何所求的时期，任何所求的利率，不管这个利率怎样低，终不致影响其资力。因此，假使我们理论的其余部分是正确的话，银行是能够将一般价格水平提高到任何它所希望的高度的。

在下一章里，我们将附带讨论到一些继起的后果。这些讨论之所以更加引起兴趣是因为它同一般的见解是完全对立的。比如我们将可以看到，金融机构，通过对企业的长期支持，可以在若干程度上将必要的实物资本从公众手里夺去。

同时，在银行也有可能将它们的利率保持在正常水平以上到

① 参阅爱密尔·斯特勒克(Emil Struck)："英国货币市场一瞥"，载《立法年鉴》第10卷单行本，第45页起。

任何长的时间，这样它们就能够在一定限度以内，不断压低价格。

现在我们要考察一下，在这一方面或那一方面约束着银行权力的各项限制。

这当然是清楚的，独个银行要试图执行与别的银行不同的贴现政策时，对于这种情况，我们的讨论是无论如何不能适用的。这样的行动是不可能的。倘使独个的银行要保持着过高或过低的利率，那将迅速造成不是它自己的破产，就是失去一切借户，它的股东的股利将化为乌有。就独个银行而言，它是必须在若干程度上与一般趋势相一致的。

就独个国家而言，如果它的货币是以金属（国际）本位为基础的，那么它的银行面对国外的银行时，其所处的也是这样的地位。如果将利率保持在过低的水平，贵金属将外流；如果利率过高，则外来金属将充斥国内市场，但银行必须以存款形式加以接受，照付利息，否则以贷款人的地位将受到竞争。

照古典派的见解，当然这些情况是由于国内价格水平的变动，因而也就是贸易差额与汇兑率变动的结果。另一方面，照杜克的见解，则认为国内利率降落，将促使国内的货币资本由于受到国外投资有更多获利机会的吸引而即时外流，更没有时间对价格发生任何影响。①

哪一个见解正确，可以说是并无出入的问题；因为两者的最后结果是一样的，并不相排斥。但旧说似有一优点，其含义较为概括。一个国家的利率可能同自然率对照时是低的，但同国外利率对照时，却不至于低到足

---

① 参阅《物价史》，第4卷，第197—202页。但是在这里杜克他自己承认低利率将刺激企业，因此将间接地提高价格，这同上面他所述低利率必然引起价格低落的见解正相矛盾。

以与资本移动时的费用和风险相抵偿的程度。那时信用松弛的影响所及，将限于国内价格。这个影响是累积性的，由此国内价格不久必致高于国外价格水平到这样程度，以致出口减退，进口增加，贸易差额趋于不利，货币开始向国外流出。

如果这时刚巧自然率在国内高于国外，情形将更加是这样。如果货币利率在国内与国外相同，不管西方的自然率可能有很大差异，依照那些否认银行贴现政策对价格会有任何影响的说法，这时将不会发生国外资本流入的现象。这一点似乎是不可信的。实际上国内价格将不断上涨，结果将使支付差额和汇兑率情况逐渐恶化，直至金融机构不得不将其利率提高到国外者以上。国外资本的流入可能继续到一个很长的时期，虽然由于两方价格水平不同的结果，流入时所采取的形式将不是货币而是商品。易言之，即国外商人对于其货物的权利的一部分，将直接或间接地利用以购置国内证券、公司债券、股票或转为银行存款。同时，实物资本在外国将比较的趋于贫乏，而国内的财富将增加，于是资本的自然利率在国外将提高，在国内将下降；结果经济平衡将终于恢复。

现在须将利息与股利付给国外商人，结果，我们将在下面看到，国内价格的平衡水平将略低于国外。

基于对最近货币的国际动向的观察，在我看来，大致似可证实以上旧的见解为比较的有确切根据。①

另一方面，如果我们从国际的观点来看，假定全世界，或者至少采用金本位各国的每一个银行，自觉地或不自觉地在行动上相一致，则问题将呈现完全不同的面貌。

---

① 参阅卡尔·海力根斯塔(Carl Heiligenstadt)，“对国外汇价的研究”，载《国民经济年鉴》，第59—61卷，1892—1893年。

我们所面对的问题是银行是否能将利率继续不断地保持在自然率以下，从而迫使价格涨了再涨。假使我们单从银行的资力方面看问题，假使每一个国家的信用制度都已充分发展，那么显然，除了工业用途方面对贵金属的吸收以外，并没有别的限制。货币购买力降低，将打击黄金的生产，如果别的方面情况不变，将增加黄金在工业方面的消耗。等到消费追过生产时，其不足部分将取之于银行的库存，因为除此别无其他来源。

但在实际情况下，还有在流通中巨大数量的硬币——或者纸币，在许多国家的银行条例下，这两者是一件东西。当然，限制现在是狭窄得多了。价格的上涨，其影响所及，不仅是黄金生产与消费的关系，还有更加重要得多的，是对于货币流通的需求。在公众手里流通的硬币与纸币数量，大都比银行现有准备要大得多。因此价格十分微细的上涨，可以导致银行准备非常严重的缩减。

但是，别的情况不变时，价格的上涨，当不致使黄金和纸币流通数量作比例的增加，尤其是前者，更不致发生这样情况。即使是我们之中最富有的，他身边大致也不需要携带五十个以上的镍制分尼或马克、十个以上的银马克；正同这个情形一样，黄金的使用有一定的限度，在这个限度以上，大部分支付将使用纸币，而这也有限度，在限度以上，通常是用支票的。价格的普遍上涨，将使支付总计的增加比率超过上述的这一个或那一个分界线，其直接结果将使纸币与支票对金币的比例增高(同时由于银行业务在技术上的不断发展，使支票代替了硬币和纸币)。

但是这个限度是否实际上已经达到，特别是在最近年代，很可怀疑。因为黄金以银行准备的形态在增进中，而纸币发行则往往在法定限度以下。有些人根本否认现有黄金存量与价格水平之间存在着任何关系，这些人对于这个因素的作用更加不能支持了。因为银行如果在实际上由于其准备的关系不能降低其贴现率，那么在复本位制主义者是认为这一因素即价格跌落原因之所在的，这又拿什么来答复他们呢？[①] 贴现率在近年比 1873 年以前的时期为低，这一事实在这里是不相干的。我们已经指出，问题绝不在于利率的绝对水平，而是在于贷放利率与不受约束的利率[②]（资本自然利率）的相对的水平。

如果认为目前各银行的准备大而无当，可以减低，不致危及其资力，则同时也必须承认，银行如其愿意的话，仍可进一步降低其利率；至多也只是由于不必要的严厉的法律限制，才使它们不能这样做。

沙林所表示的意见很难理解。他说，“黄金之所以堆积在银行，并不是作为一种商品找不到用途，而是由于大量积存的资本找不到有利用途，乃以黄金来体现，存储在银行里，同时也需要此项黄金来体现它们”。[③] 所谓未用的实物资本，也就是待销的商品存量，同生产与消费的量对照时，前者对后者的比例，在今天是否比以前有所增巨，这必须看作是一个悬而未决的问题。即使情形是这样，即使希图将在银行里存而未用的黄金看作是商品存量的“体现”，当贸易进展时，可以成为买进和卖出的工具——这样说法是纯隐喻的——但仍然没有理由，为什么银行不能即时用贷款的方法将黄金献出。假使它们不愿意这样做，那就是说，不愿意将利率降低，那么必有它们的理由，

① 参阅亚伦特（O. Arendt），《契约规定的复本位制》，第 1 卷，第 166 页起。

② 原文为“往来利率”（Verkehrszins）。——原译者

③ 《普鲁士年鉴》，1895 年。并参阅《国民经济杂志》（哥本哈根），1895 年。

这其中的一部分我们即将谈到。价格下跌的直接原因就在这里，而不是什么“黄金的不足”。

事实上，沙林在他极有名的讨论的结论里，自己也承认，现在各银行的黄金存量，从任何角度看，都是过分地大的。

现在我们要转向相反的问题。有没有什么东西在阻碍着银行，使它不能将利率保持在自然率以上？显然，这已不再是一个银行的资力问题——如果在别的方面，在通常意义下的银行资力（即资产超过负债）没有问题的话。现在已经单纯地是银行的经济利益问题。[①] 根据我们的理论，说明将利率保持在自然率以上这样的行动，将使价格不断下跌，使黄金的购买力不断提高。黄金的生产将更加有利，假使别的情况不变时，其产量将增加，虽然大致不会增加得太多；而黄金的消耗则将缩减，更加重要的是由于价格变动的结果，数量越来越大的黄金和纸币将退出流通，流入银行。诚然，人口和经济福利同时的任何增进以及金融制度的任何发展（以经济自然制度作牺牲），将起到一些缓和作用。但另一方面，由于金融制度的发展，使信用与银行服务的使用不断扩大，结果货币退出流通的倾向将日益加甚。

我们已经提到，银行对于这些存入的资金，即使实际上并不需要，也不得不加以接受，照付利息；而且所付利息，不得不仅仅是略低于它们的贴现率，否则将受到私人贷放的竞争（中央银行的情况是例外，其理由在这里无须讨论。无论如何，在中央银行累积的黄金，大部分并不是由存款而来，而是由于纸币的兑换，因此一部分

① 随后可以看到，这个因素关于对利率加以最低限度一点也是有作用的。

是存在别的银行的库里的)。银行可以利用这些存款来购置生利的债券和股票,但这样并不能消除货币的过剩现象,因为这样出笼的货币,还是要寻找用途的。最后银行没有别的办法,只有降低贴现率,借以刺激在减退中的货币需求。这就抑制了或战胜了价格的涨势,于是货币流通仍然足以吸收黄金与纸币过剩数量的情况,不久即可达到。

这样就使我们有信心地期望着,银行利率,或者更广泛些货币利率,最后总是要同资本自然率相一致的,或者更恰切些,总是倾向于同不停地变动的自然率趋于一致的。但这样的结果是否能充分迅速地获得,由此当资本率上升时(以致货币率落在自然率之下),可以防止价格上涨,或者当资本率下降时(结果货币率高于自然率)可以避免价格逐渐低落,似乎是一个很大的疑问。对这一问题要作彻底探讨,从而对种种错综复杂的情况要进行考察时,需要洞悉银行技术方面的奥妙,不幸我在这方面所掌握的是远远不够的,尤其是问题与部分联系到的因素,往往是背道而驰的。

比如,在发行银行方面,只要是能在纯粹银行①担保下发行纸币,则为了它们的利益,发行量是多多益善的。它们可以暂时满足于因价格上涨而稍低一些的利率,由于流通工具需要的不断增进,结果是不久即可使它们提高利率的。如果纸币成为唯一的流通工具,则发行量的大小将是无关紧要的问题;因为那时货币的价值将与发行量的大小按反比例变动。但是如果银行能用它们的纸币来代替全部或一部分别的工具如汇票、支票和现款时,那就不

① 原文为"按照银行惯例的"(bankmässige)。——原译者

再是这样的情形了。

有些银行,它们不发行纸币,而自己拥有很多资本,这些银行的利益所在,就处于同上述正相反的方向。利率提高,它们的利润增加,因之而起的价格下跌,对它们并无所损——事实上是,黄金的购买力愈高,其自有财产的价值也愈大。最后还有些银行,它们既不发行纸币,也没有多大资本。对它们来说,价格水平和利率的量,这两者都差不多是全无关系的问题(它们利益的来源,主要在于贷出和借入两方利率的差异)。但是现在我们要讨论到一个新的,也是很微妙的问题。如果银行规定的贴现率,以及因之而起的存款率,过低于自然率,许多资本家将收回其存款,在股东或挂名合伙人的外貌下,把自己变为企业家。这将不至于危及银行的资力,或者至少不会像乍看时那样的严重。在纯粹支票经济下,存款的收回,随之而起的必然始终是(就各银行全体而言)新存款的发生和贷款的偿还。就我们所讨论的情况来说,这一点是必须认清的。由于很多的资本家转变为企业家,若其他情况无变化,则以借入资本经营的业务活动,势必减退。这类借户,此时感觉到借入的贷款,部分已无需要,就把它还给了银行。结果银行的活动范围将有所缩减,或者至少不能同价格上涨,也即币值低落时,获得同样程度的扩张。如果银行对贷款和存款利率规定得太高,则相反的情况将发生——银行活动与价格水平对比,将相对地扩大。由此可见,在银行方面,利于将利率保持在高的而不是低的水平。但其间总是含有一种危险,企业精神将受到挫折,这对银行的有利地位来说,其意义是相反的。

上面已经提到,对这些不同因素在银行业务实践中的重要性要予以评价,实非我力之所及。

我准备提到一个特点,普遍认为对银行政策的决定极其重要的,这就是习惯和常规的影响。一个银行经理,居于负高度责任的地位,许多地方是取决于他的行动的。如果他为人是谨慎的,他就

不会想到去投入冒险的行动和尝试。他是常规的奴隶，他的银行奉行着由经验证明的惯例，除非情势完全变化，他是不会脱离正轨的。[①] 关于银行政策，为什么要保持固定的管理规则，还有一个有力得多的理由。因为不论是独个银行，或独个国家的若干银行，不能单凭己意，擅作任何变更，必须与别的银行所采行的程序取得协调。公开市场也许呈现着似乎比较灵活的现象，但实际上这是肯定的，贷款利率是绝不会直接跟随着自然率变动的，通常总是很缓慢地、带些退疑不决地跟随着的。当过渡时期，两种利率之间的背离在充分活动的时候，就演出了如上面所一再提到的现象，从表面看来，似乎同我们的理论相矛盾，但在实际上是完全符合的：当利率（资本率，因此也就是货币率）高昂且在上升时，价格上涨，在相反的情况下则下跌。

这就把我们引向长时期以来为各方的作家所重视的一个问题。当利率（资本率与货币率兼言之）高昂时，显著的倾向是货币的流通要比较快一些，硬币和金银的"贮藏"从隐匿中诱导了出来，一切信用工具的使用变得比以前为有利——总之趋向是价格上涨（虽然，只是一次的，不是累进的）。利率降低时则各方面的趋向相反，某些种类的信用工具已完全不能再用，因为如汇票上的印花税、票据的课税占利息的比重太大——别的情况无变化时，价格将停留在低水平。

实质上，在我们的一般讨论中，这仅是一个特殊情况。因为只是当各种不同因素使货币利率不是高于即是低于自然率的适当水平时，价格方才会不

---

① 吉尔巴特（Gilbart）认为（《论银行实务》1，第 6 节）作为一个银行董事，必须始终遵守某些共同的"原则"；他还着重说明，关于这些原则，不仅要防御反对者，而且要始终遵守。根据以上所述，这种态度是容易理解的。

断地向这一方或那一方变动。最后这两种利率之间的正常关系必然要达到，那时价格即不可能有任何进一步的上涨或下跌。

借贷的现象，对于我们的原则提供了有力根据；因为对贷款需求（包括在贷款的助力下，对货物与劳务的需求）唯一可能的限制，因此也就是对价格上涨唯一可能的限制，在于所期望的利益仅仅能相当于“使用”货币时所必需的支出这一点上。

最近两章的基本观念，兹总结如次：

在任何时，在每个经济情况下，总有着一定的平均利率水平，一般价格水平变动时，其趋向是既不会高于，也不会低于这个水平的。这个我们称作正常利率。它的量决定于资本自然率的现时水平，跟着它上升或下降。

如果为了任何原因，将平均利率规定并保持在这个正常水平以下时，其间的差距不论怎样微小，价格将上涨，而且将不断地上涨；否则如果价格原来是在下降过程中，将降落得迟缓一些，终将开始上涨。

另一方面，如果将利率保持在自然率现时水平以上，其差距不论怎样微小，价格将不断下跌，而且并无限制。

为了求准确起见，我们特意避去“为保持着稳定的价格，货币率与自然率必须是相等的”这样的说法。实际上货币率和自然率两者的概念都是有些模糊的，如果研究的是一般平均水平，则如何加以严格确定，即使从理论的角度来说，也不免有很大困难。以某一定义为根据时，谈到这两种利率之间的绝对相等也许是正确的；以别一个定义为根据时，则认为自然率总是要超过货币率的，其间的差额相当于无可避免的企业风险之类——这将是一个问题。主要的一点是，不变的价格水平的保持，如果别的方面无变化，有赖于贷款的某一利率的保持，而实际利率与这个利率之间的永恒的差异则对价格起着渐进的和累积的影响。

在以下两章里，准备把我们的理论联系到价格的实际变动，使之受到经验的考验。但是进一步理论上的探讨也还是需要的。我们将从比较深入地检查决定自然利率的原因开始，进而对货币利率脱离自然率时对价格可能有的影响作比较系统的研究。我们的讨论，将以某些数量方面的联系为依据，我们所凭借的将是与现实情况大大不同的情况、高度简化了的假设。

有些人要怀疑，这样的研究是否有裨实用，但据我看来，这样就提供了把推论中各项线索综合起来的便利机会。经验说明，对现实的复杂情况作任何讨论时，总是存在着“把问题中可能是最切要的因素忽视或遗漏了”的危险的。

但是我们的读者，如果有不喜欢这样的抽象方法的，可以将下一章略去。这一章对于已经叙述的论题，并没有什么实际的引申，为了解本书以下部分的论证，并没有阅读的绝对必要。有些人，像我本人一样，认为科学理论的首要条件是要能够在一个独立的、始终一贯的形态下表达，即使开始时所设的假定不得不是纯属想象性质的，也有必要这样做。这一章就是为这些人写的。

第九章　理论的系统说明

一、决定资本自然利率的根据

我们对于利息的本质、对于资本在生产中所占的位置，在这些方面的知识，近来有了非常的进展，这主要有赖于哲逢斯和庞巴维克两人辉煌的著作。这两位作家，虽然其作品在外貌上有些差别，其贡献实质上几乎是完全相同的。

哲逢斯一开始就指出，[①]习惯上将生产资本划分为流动（流通）和固定资本，这种分类在科学概念上没有什么重要意义，为了更好地与其职能相适应，可以在对照下区别之为自由（free）与投放（invested）资本。“关于资本的概念”，他说，“如果我们认识到，我们所称作一个部分的，实际上指的是整体，这样就达到了简化的新阶段。我认为资本的意义不过是为了给养任何种类或等级从事工作的劳动者所需要的那些商品的综合。流动的生活资料构成了自由或未投放形态的资本。资本唯一最重要的职能，在于使劳动者对于任何长久的工作，能够等候其结果——在于在企业的开始

① 《政治经济学原理》，第7章。

与终结之间，设置了一个间歇期间。”①

这样的研究方向，基本上肯定是正确的。但哲逢斯却犯了将局部与整体相混淆的错误。即使承认固定资本只是劳动与自由资本的临时产物，那么从后者预支的生产费用，也绝不能全部转化为工资。生产中别的因素，特别是土地的报酬，是必须顾到的。

或者可以假定，即使利息自身也是部分由资本项下预支的。当最后产品尚未告成以前先行支付利息时，情形就显得是这样的。但是从经济学的观点看，这不是资本的预支，而是部分资本的保留，牵涉到对资本实际量的侵占。当一个公司还在筹备阶段，其债券持有人，甚至其股东，前者往往、后者间或，已经在那里领取利息以及所谓股利时，实际上他们不过是收回了其资本的一部分，这部分资本，至少就这个企业说，当时还没有能履行其任务。

在“自由和未投放形态”下的资本，所包含的不仅是劳动者借以偿付其消费的生活资料，还有对其他生产因素的所有人、尤其是对土地的所有人的供应。质言之，它不单是“工资基金”，而且是“工资和租金的基金”。

哲逢斯这种失误，是同英国经济学家传统的、但是虚伪的论点相一致的。他们认为土地的租金“并不……构成……资本家的预支的任何部分”。②（当地主自己同时也是企业家时，由此引起的复杂情况，以后将论到。）

---

① 《政治经济学原理》，第 2 及以后各版，第 223 页；第 1 版（措辞略有异同），第 214 页。——原译者

② （约翰·穆勒：《政治经济学原理》，第 2 册，第 16 章，第 6 节。——原译者）参阅我的《财政金融理论的研究》，第 44 页起。

根据庞巴维克的说法，[①]资本主义生产的特征，只是在于以下一个事实：现有劳动和土地的一部分——在高度发展的资本主义经济中通常为其主要部分——其使用的目的不是为了现在的消费，而是为了多少有些遥远的将来的消费；至于现在所消费的，大都是过去使用的劳动和土地所产生的、所已经完成的产品。在任何时期，总存在着各种不同成熟时期的产品，有些在开始制作，有些在半完成状态中；这些就唤作资本。但依照庞巴维克的说法，这些应该认为是资本主义生产过程中的征象，而不是其实质，其实质只是在于现有生产力的倾注于将来的需要。

这样的研究比较深入，就单元经济[②]（或整个经济系统）的情况言，也是比较正确的。在单元经济中，生活资料并不真正构成资本；把它们积累起来，为了从事于某些新的部门的生产，像洛瑟（以及李嘉图）所写的“上古时代渔夫”（urfischer）所做的那样情况是很少见的。倘使没有自然或技术方面必要条件的阻碍，消费品一般总是一等到完成即被消耗的。那被“储蓄”起来的，还是劳动力——虽然，这还是有赖于生活资料的积贮——的一部分和土地可供使用的劳务，把它们部分地从适应现在需要中抽出来，专供将来的需要。

但是单元经济制度在现在是一个例外。差不多劳动的全部和土地的大部分，现在是被其所有人用来为别人服务的。工人和地主，在他们自己不积累资本的情况下，所领到的报酬（工资和租金）

① 《资本实证论》，第 1 版，第 1 册，第 2 章；第 2 册，第 2 章起（第 3 版与斯马特（Smart）的译本，第 1 册，第 2 章；第 2 册，第 3 章起。——原译者）。

② 原文为“孤立经济”（isolierte Wirtschaft）。——原译者

是纯粹用来购买消费品的。在理论上，倘以物品为支付工具，这样的程序也可以进行，不必使用货币。在这样的意义下，可以把消费品认为是构成原始（自由）资本的，是用它们来购买劳动和土地的。

要将这一论点加以推衍并不困难。工人和地主有时候他们自己是企业家，这些企业也是要受到市场一般势力的影响的。可以这样设想，这样的工人和地主，每一个都是在按照市场决定的正常定率，将工资和租金付给他自己，直到其产品完成或准备销售的时候；因此资本还是需要的，不论这些资本是他个人所有或从别处借来，也不论他实际上是否将资金花去，供作自己消费，或者储蓄一部分，由此转化为资本。[①]

这样就大大地简化了、明朗了整个事态，使哲逢斯和庞巴维克的研究方向统一起来。所有每年、每月或每周生产的消费品总量，除了在利息的形态下由资本家自己消费的那一部分外，假定在稳定的情况下，可以认为是支付工资和租金的基金。这个基金体现着劳动和土地的（实际）需求。一个等价的量，由劳动和自然势力的结合作用形成的，连续地以各种不同形态，增加了一国的资本（投放资本）的积贮。从“对土地使用劳力”开始，这个资本相继地转化为工具、原料、半成品，最后成为制成品形态（在其间，资本部分地或全部地再度转为自由）。对于这个制成品，资本家[②]再度为他自己留下一部分，作为利息，或者用以换成别的产品，供其自己

① 换句话说，工人、地主、资本家（企业家）即使是合并成一个人，我们仍把他们的职能区别了开来。

② 我们假定在常态下企业家不享有利润（参阅本书第八章），虽然在下面我们可以看到，这样的利润可以在特殊情况下产生。

消费。主要部分他将用以重新投资，或者直接地，或者在换成别的企业家的产品以后，用以购买或雇佣劳动和土地，以便进一步生产。如此，在任何时间，就现存实际资本（流动的与固定的）中的一个交叉部分而言，从这个部分可以看出，其中将近全部（如果我们从一个更加正确或更加理想的角度来看，的确是将近全部）系属于投放资本形态。但是如果我们从一个“纵的剖面”来看，可以看出，每一独件的资本，循着一个环形的道路在旅行着，或慢或快，视情形而定，而在这个旅途的开端与结束时，其形态总是自由资本，也就是消费品。

为了对资本问题，特别是对从理论上决定利率（以及工资和租金）的问题，作比较深入的研究，我认为对资本的含义作进一步分析还是不可少的，我们还是要回到固定与流动资本这个古典的区别的问题上。某些人类劳力的产物，具有高度的、有时甚至无限度的耐久性。房屋、街道、铁路、运河、土地上的某些改进、某些种类的机器，都是例子。就其起源而论，考虑到它们产生的情况，它们是具有资本和其他资本物品的特性的；但是就它们在进一步生产中所占的地位而论，却同土地所占的地位极为接近。因此我们建议，[①]不应把它们看作资本物品，而应该看作是一种“赚取租金物品”（rent-earning goods），它们在需要或不需要劳动和土地的继续协助下，对生产力有所贡献，为其所有人滋生一定的租金（相类于地租）。在稳定的情况下——这作为一个尽可能简单的假定，应该是一切经济研究的起点——这些物品实际绝不是在制造，而是在

① 《价值、资本与租金》，第93、121、137页；《财政金融理论的研究》，第28页。

保持着；但是对这些物品所使用的劳力，在每一场合均可认为是体现着对资本的新的投资。实际上对于这些物品的个体（如房屋），其损旧的逐渐以新的代替时，也可以这样看待，至少以一个巨大的集体（房屋的）作为个体，从经济学的角度来看，情形确是这样。另一方面，发展迅速的经济制度有一个特点，其现有资本的一个很大部分是长期的投资；易言之，即已转变为我们所说的赚取租金的物品。一旦转化完成以后，新的赚取租金物品只是与其同类型的其他赚取租金物品相竞争。它是滋生利息的，跟实物资本物品不同，是不为利息的偿付所抵消的。

资本，我认为就这个词的狭义言，只是指耐久性比较**低的**那些，如工具、机器、土地的改进等等（虽然这条界线的划分是不能不带些主观的），以及原料、半成品，最后还有制成消费品的存量。

例如，我认为一所房屋不是一个资本物品，只是一个赚取租金的物品，借助于或不借助于劳动和别的生产因素的协作，对消费物品供给了“荫庇场所”。所有人对其房屋每作一次修整（假定每十年）时，就是作了一次新的短期的资本投放。每年的租金，首先必须足够，在十年间，抵偿这项资本（修理费用）的摊还和利息（假定房屋没有其他维持费用）。这个数目相等于资本总额大致十分之一的每年偿付额，和（这是很容易看出的）这个总额五年的利息。其间的溢额应该认为是房屋的租金。同时，租金相等于房屋**资本**价值的**利息**这一事实是属于次要性的；这个资本价值，也同样的视租金净收入量而决定。至于这个租金与建筑房屋时（也许在一百年以前）原来投入资本的利息是否相符合，是一个完全没有关系的问题。即使所谓**再生产费用**，对于基地和建筑的资本价值也只有间接影响。再生产费用可能超出资本价值到几乎无限制的程度（例如在一个退化的社会中）。情形也往往会相反，新建房屋为了与旧有的相竞争，往往须建造在较偏僻地区。通常的情况是，往往要将建筑本身的价值与其基地的价值相划分。但这是一个纯粹簿记问题，如无巨大费用，建筑与基地是无法划分的。

以上分类，但就最重要的经济项目而言。要将社会财富的每一形态，属于这一或那一类目，逐项加以确定，显然是不可能的。例如资本中有一个很大数目，投放于人类智力的发展，但是不论就资本这一名词的狭义或广义言，智力总是不能列入资本概念的。智力必须看作是特种劳动（熟练劳动）的基础，我们还应该注意到，在某种情况下，社会内现有资本的若干部分，可以转化为或投放于劳动形态（从事工作的智力）。

还有一层，有些收入的来源，比如由于创造而取得的专利、专卖的特权、业务上的秘诀、社会上的好感，这些可以认为是过去所投资本的果实。但是不能把它们与真正意义的资本物品的财产相混淆，也不能与赚取租金物品的财产相混淆。它们是独具一格的，是服从于它们自己的特种规律的。

最后，不可忘记，经济的生产和消费中有一个很大部分，是跟国家以及其他自治团体的管理有着关联的；但以其性质言，它们须有赖于税务当局的决定，是在自由竞争的领域以外的。

我们所注意的，只是在于对经济势力活动的总方向获得一个充分清晰的轮廓，并不想从事于任何数量上的评计。所以上面提到的各种不同情况，在我们是可以从略的。

同样地，关于资本在完成其整个循环以前，其所有人往往在中途转换这一事实，我们也把它略去。换句话说，我们所假设的是，资本一旦投放以后，要直到制成消费品被实际消耗为止，方才转为自由。

举一个例子,生产者 A,为了制造一架机器(耐久性低的),在本年付出工资 l_1,付出租金 r_1。又一生产者 B,在次年买了这架机器,为了生产某一数量的原料,他付出了工资 l_2、租金 r_2,在这个过程中机器被磨损。C 在第三年买了这批原料,他付出工资 l_3、租金 r_3 以后,生产了一批制成品,在年终时卖出。根据上述情况,用于生产的资本总计起来是

$$(l_1+l_2+l_3)+(r_1+r_2+r_3)=l+r=k,$$

这里以 l 和 r 分别表示工资和租金的总数。投资的平均时期在工资方面是

$$\frac{3l_1+2l_2+l_3}{l}=t_l,$$

在租金方面是

$$\frac{3r_1+2r_2+r_3}{r}=t_r,$$

最后就投放资本的全部来说

$$\frac{3(l_1+r_1)+2(l_2+r_2)+(l_3+r_3)}{l+r}=\frac{lt_l+rt_r}{k}=t\text{ 年。}$$

以上工资和租金都是假定在每年年初时预支。否则投资时期显然要比较短些,但这总是可以计算,没有困难的。

如果机器比较耐久,如果最后的产品是陆续出售的,投资平均时期仍可照算,也没有值得一提的任何困难的。[①]

关于各个工业,或者毋宁是消费品各个种类的生产,其资本 k 和投资时期 t 的数额,可以用这个方法算出。于是使用于整个工业的资本数额总计起来是 $K=\sum k$,其投资平均时期 T 可以由下列公式得出

① 参阅我的《财政金融理论的研究》,第 29 页。

$$T=\frac{\sum(k\cdot t)}{\sum k}$$

这里 $K=\sum k$ 体现着在任何时间以资本形态投放于各种消费品的综合价值，其值以其中的任何一种体现，或以货币体现。

当然，对于任何一种特指的消费品，要决定其在生产中所需要的劳动和土地是多少，因此也就是所需要的资本是多少，这是不容易的，而且有时在理论上是不可能的。当多种商品在同一个程序中生产时就发生了困难（例如副产品——照马夏尔的术语，结合供给[joint supply]）。但这并不妨碍对于“流通”资本以及其投资平均时期的量的方面理论上的探讨。

如果 T 以年表示时，则 K/T 之商就体现了在一年中转为自由的资本量——也就是说，每年用以偿付劳动和土地（或别的赚取租金物品）劳务的成品量，这个量构成了一年工资和租金的基金。K 自身，那就是“流通”资本全部的价值，可以认为是工资和租金基金的总计，虽然它并不在任何一个时间都是完全自由的、流动的，但只是在一个时间是这样；那个过早地被抛弃的“工资基金理论”的结论，正可以顺利地应用到这个数量，像庞巴维克很适当的所指出的那样[①]（虽然，我们自然应该记住，资本家有权随时以其新的储蓄来扩大这个基金，他也可以增加自己的消费，从而缩减这个基金）。同时也须注意到，这个基金并不是只历时一年的，而是相等于资本的投放平均时期，要继续很多年的。这个“时期”，像我们所研究的一切别的量一样，会遇到很多变化，其性质我们不久将

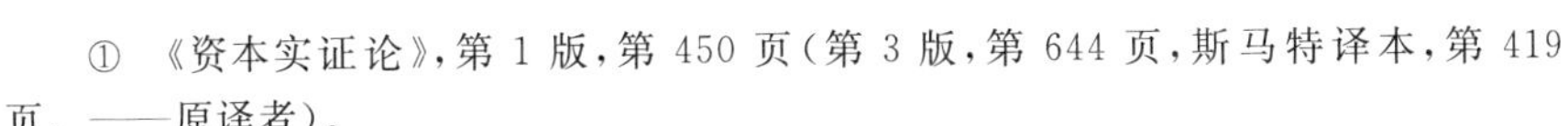

① 《资本实证论》，第 1 版，第 450 页（第 3 版，第 644 页，斯马特译本，第 419 页。——原译者）。

谈到。

问题可以这样说明：如果以 A 代表现有工人数，B 代表现有土地总量，l 与 r 分别代表工资的平均率与土地每一单位的租金，则下列的关系，在任何情况下是大致正确的：

$$(A \cdot l + B \cdot r) \cdot T = K.$$

这个公式明白地告诉我们，一切劳动和一切土地，从而一切资本，总是在寻求出路，也总是几乎全部被使用着的。

$B \cdot r$ 实际上代表一切“赚取租金物品”的总额（特别是耐久性资本物品），各以其自己的单位相衡量（例如住宅或工厂，其容量以立方尺计，铁路以公里计），乘以相应的租金。

此外的一切都遵照着经济学原理，那就是说，企业家是要努力争取尽可能最大的利润的。还有一个重要事实，我们自始至终所要研究的那些多样的量和关系情况，都是相当软性的，不是铁硬不变的。

如果我们可以假定，实际上在一年间消耗物品的生产中所用的劳动和土地（或者别的“赚取租金物品”），始终有其一定不变的比例，那么劳动工资和土地租金（或一般的“租金”），其相对水平的决定，就没有任何原则，将只是在自由竞争下达到。那时不论工人人数或现有土地量，势将有看一个永久的过剩量（假定人口一方面既不因移出的结果而相应减少，一方面也不因移入或自然繁殖的结果而增加）。从理论上说，这样的一个过剩量，在可能情况下，将使工资或租金水平抑低到无限程度。但这样的假定是完全与事实相反的。首先是，即使在同一种商品的生产中（内向加强的或外向扩张的生产），劳动和土地在若干程度上也是可以相互代替的。更加重要的是，并没有两种商品在生产中对这两个因素会有恰巧同样比例的需要的。假定由于工人人数过剩，结果工资降低了。这时对于那些物品，在生产中需要劳动比较多、土地比较少的，同生产时情形相反的那类物品对照时，将比较的有利——那就是说，对这样的企业家，而不是土地的所有人，比较的有利。前一类物品的生产和消费将扩大，而后一类将相对地有所缩减。于是劳动的需求增长，土地（以及其他赚取租金物品）的需求降低，直到经过一定时期的动荡以后，再度恢复经济平衡；一切生产中的现有因素，将在由市场情况所决定的价格下获得使用——这些价格是这样的：对各个企业家，或对企业家的整体而言，其利润将不因劳动对土地以及赚取租金物品彼此间比例的微小变动而受到影响。

实际上，情况是没有这样简单的。我们姑且假定的是，商品在交换中的相对价值并无变动。但是它们当然要受到生产情况变动的影响，反过来，它们也是要影响生产情况的。处理这个问题唯一的科学方法，在于对所有这些因素加以同时的注意，像华尔拉斯很清楚地所指出的那样。[①]

资本利率的平均水平，就是在完全相类的情况下决定的。让我们假定，比如由于进一步节约的结果（不论生产效率是否有所提高），流动资本的现有量有了增加。于是由于资本家之间的竞争，工资和租金将提高，而资本的所得或利率（与原来所能达到的水平相比较）将相应地降低[②]。但是应该注意到，降低的只是流动资金

---

① 《纯粹经济学要义》，第 1 版，第 4 节；并参阅我的《价值、资本与租金》，第 2 章，第 6 节。

② 当以货币为交换与支付的媒介时，其程序在实际上将如何演进，以下在本章将有所说明。

本身的利率，而不是特别富于耐久性的资本(赚取租金物品)的所得，在这一方面，甚少在开始时，它将与租金和工资享有共同的提高。

流动资本增加的影响，其本身可能使利率迅速降低到很显著程度，但不是决定性的。生产的各种不同部门需要不同比率的劳动和土地，同样地，它们也需要不同数量的(流动)资本。依照我们的解释，这一点的含义不外是生产时期和投资时期相对的长度在不同的情况下是不同的。如果利率降低，那些操作程序，由于技术上的原因需要较长生产时期的，将比较的有利，其生产时期较短的，将相对地获得较少利润。跟着发生的是，这一方将有所扩张，那一方将有所收缩。这些变动的最后结果是：整个(流通)资本的投资平均时期将放长，而工资和租金基金在任何一年的现有部分将因此减低[①]。于是工资和租金将再度降低，但是当然不会低到资本未增加以前那样的水平。

当流通资本量相对地减少时，其情况将恰恰相反。

根据庞巴维克的观察，差不多每一种企业都有可能由于将生产时期适当放长(如倡行准备手续、机械方法等)从而提高生产中各种因素的效率，这一论点每被误解，但肯定是十分正确的，我们记住这一点时，上述程序的重要意义将更加突出。但从理论上说，现在看来这个假定并不是必要的。资本主义生产的平衡(依照庞巴维克的意义)，不利用这个假定——这一论点曾引起对非难庞巴

---

① 关于产品“成熟”的不同速度，庞巴维克著名的图表说明提供了清晰的印象；前引著作第 114 页起(第 3 版，第 188 页，斯马特译本，第 107 页——原译者)。

维克理论者的反对——也是可以解释的[①]。

为求完整起见，须考虑到所有这些不同变化对资本结构本身的影响。还须注意到，耐久资本物品（“赚取租金物品”）的量，一般是能够扩张的；当其所得增加，或当利率降低，因而其资本价值超过了再生产费用时，这样的扩张即将发生。要达到情况稳定，其主要特点和条件是，这个资本价值须不超过或略低于再生产费用。这类考虑这里不再深入下去。这些，对于上面的推论方向，并没有强加以实质上的限定，但为以下论点的实际可能性提供了根据，那就是：在一个进步迅速的社会中，虽然资本在不断积累，利率仍然可以在相当的长时期间保持着比较高的水平。

为了对庞巴维克的资本理论作进一步研究，请允许我提到庞巴维克自己的基本著作，同时提到我的著作《价值、资本与租金》和《财政金融理论的研究》的第一部分，这些都可供作参考。

二、货币的使用

资本自然利率的性质以及所由决定其水平的根据，现在应该已经充分明了——当然，这是在普遍自由竞争的假设之下的。至于对原始[②]（自由[③]）利率与契约[④]（贷放）利率，其间并未加以区别。

① 关于这里所述的可能情况，李嘉图已经觉察到，但是他的论述，本质上虽相同，形式上颇有差别（参阅《政治经济学及赋税之原理》，第1章，第5节）。

② 原文为“根本”（Originären）。——原译者

③ 原文为“往来”（Verkehrs）。——原译者

④ 原文为“约定”（ausbedungenen）。——原译者

处理大部分的经济问题时，这类的简化是可以容许的。因为这两个利率间的差异，构成企业家在这方面的利润的，在企业家彼此之间竞争的影响下，是往往要化为乌有的；或者至少要倾向于缩减到这样程度，同没有也差不多。只有在一个情况下，这个差异是不能忽视的——当关联到以货币表示的商品价格平均水平变动的问题时。因为这种变动的真正原因，是由于两种利率间这样的差异的存在。这一点已作了解释，兹将在比较有系统的方式下加以研究。

自由利率与契约利率之间长期存在着很大的差异，这是可能的，因此企业家在一段很长的时期间其利润时有时无，将视情形而定。前已指出，所以会发生这个可能，是由于资本的转移以及各种生产因素的报酬，都不是使用物品的，是由于货币参与的结果在完全间接的方式下完成的。由此所发生的变化，并不是如时常所想象的只是事物的形态，而是其实质。因为实物资本物品已经不再能认为是在实际上被贷出或借入；它们现在是被买进或卖出的。对实物资本物品需求增长时，其需求已不再是将倾向于提高利率的借户的需求，而是将倾向于提高商品价格的买主的需求。但货币是唯一为了借贷而有真正需求的东西，它的量是有伸缩性的[①]。货币的数量，在若干程度上可以同需求所形成的任何形势相适应，在充分发展的信用制度下，这种适应而且是完美无缺的。

两个利率还是要达到最后的均等的，不过只是由于价格在先的波动的结果，只是在波动以后才达到的。我们可以把价格的作用比作一个螺旋形的弹簧，借以传导自然利率与货币利率两者间

① 参阅本书第八章。

的力量；但是这个弹簧首先必须是能充分伸缩的或压缩的。在纯现金经济下，它是短而硬化的，以后随着信用和银行制度发展的进程，它就变得越来越长，越富于弹性了。

为了对两个利率间的离差及于价格的影响作充分论证起见，不妨提出许多简化的假设。这些假设的提出，完全是为了使问题简化和明朗；就证明一般结论的正确来说，并没有一个是必要的。的确，这是很显明的，以下我还将有机会指出，如果将我们臆定的假设转移到现实时，将在不止一个方面，加强我们结论的可信程度。

假定有这样一个国家，在这个国家里，除了我们现在所考虑的这些变动，以及这些变动的影响以外，凡事都是完全稳定的；特别是长期投资的资本物品（"赚取租金物品"），除为了维持的必要修理外，别无其他变动；还有那些需要年年更新的流动实物资本，是由资本家按着一个固定的数额来维持的。再假定每一个行业，其生产时期的长度都是一样，都是一年，由于技术上的条件，坚决地阻止了时期方面的任何延长或缩短。实际上当然，生产时期不但在生产的不同部门间有很大差别，即在任何一个指定的部门也是变化不定的。我们晓得，就是这个情况，加以资本从这一行业到那一行业移转的可能，形成了在自由竞争的环境下，决定实际工资、租金以及利率自身的相对水平的原因的。但是现在我们所要研究的，不是属于这些量的变化。我们所要了解的是，如果它们的实际价值没有变动，而以货币单位表示时，将有怎样的改变。虽然，我们也将特别留意到对于实际引起生产平均时期的变化，因此也就是实际工资等等水平的变化的那些因素。

我们还可以进一步假定，各处的生产都是在同一个时间、在经济年度开始时开始的（当然这个年度不必与我们的历年相同）；最后的产物、消费品，要在年度之末方才完成，方可供交换。这将与以前的情况有些相同，其时在很多地区，商品的交换是集中在一个或几个一年一度的大市场的。

消费品的总量这时与自由形态下流动实物资本量是一样的东西；或者更恰切些，与这样一个资本量，其中包括着资本所有人有权按年列入其自己名下作为在上年度使用资本的报酬在本年由其自己消费的数额的，是一样的东西。

为了使资本家与企业家双方的职能有明晰区别起见，我们可以假定后者完全以借入的资金经营，这项资金不是直接从资本家那里得来，而是从一个特殊机构银行那里得来的；并且假定资本家同时也是经营商品的商人。为了使问题尽可能地明朗，让我们假定工资和租金（包括房屋租金等等）都是在年初时预支的，工人、地主还有企业家自身，他们都为自己备足存货，以适应全年的消费。这样，“资本家商人”就没有必要保留大量的存货，我们还可以假定他们在实际交易中所获得的利润极微，因此可以略而不论。

自不用说，这样的假设使我们离开现实是很远很远的。商业必须认为是生产行为中一个重要的组成部分，须使用相当的劳动量，须作资本的垫支等等，因此适当的报酬是必要的。这样，如果把商人列入企业家的范畴里，似乎要合适些。但我们的企图是要能够假定企业家在下一生产时期借款以前，须在本年度末时还清旧债。要做到这一点，只有使他们能够将产品卖给那些自己备有资金的分子，根据我们的假定，实际消费者（工人、地主等）的大多数还不是这样情形。

我们所假定的程序是这样：在年度开始时，企业家向银行借入资本，其数相当于货币量 K。这个数目相等于现有实物资本总额的价值，那就是说，相等于上一年完成消费品的总额减去上一年由资本家取去的利息。这一笔货币资本现在用来付给工人和地主；同时企业家还划出一个数目分配给他们自己（下面再讨论），作为其自己的劳动所冒的风险等等的报酬，并对于可能由他们自己占有的那些"赚取租金物品"（基地、建筑、机器）偿付在正常竞争情况下的租金。借助于这项货币，使现有商品资本全部被消费者购去，于是货币资本 K，在资本家商人存款的形态下，再度回到了银行。

严格地说，所使用的货币属于何种形态是无关重要的。诚然，如果所使用的全部是金属货币，在正常情况下，银行就不能在任何一个瞬间供给所需资金的全部。但我们可以假定它们尽自己所有的资金——它们自己的资本——借给一群企业家。然后将这个数额付给了一群工人，以后又用来购买部分的商品资本。当这项资金由资本家商人送回给银行时，又可用来借给另一群企业家。如此周而复始。最后，这项资金完成了交易的全部，然后将留在银行的库里，直到年度终了。如果银行有权超过其现金保有量发行纸币，则它们在任何时能够发出的流通工具量将相应扩大。如果一切支付使用支票，则其发出量将更大，因为支票所受到的法律限制，通常是要比纸币宽大得多的。在极端情况下可以作这样的假设：各银行在同一个时期发放贷款给各企业家，达到十足的数额 K；企业家通过其银行账户使用支票付给他们的工人等等；这些支票用来偿付所购的物品，这样就流到资本家商人手里；最后支票回到了银行，使资本家账户上发生了相当的贷方余额。

物品要到年度终了时方才完成，只有到那个时候，企业家方才能偿还债务。因此银行授予企业家的信用,带有一年期贷款的性质。

实际上,借入的货币资本,其数额远比在生产中所使用现有(流动)实物资本为少。理由是在许多情况下,企业家自己就是资本家(这里使用的这个名词即使就其狭义而言)。但是这一点所关联到我们的,只是在于两个数量间比率所受到的影响。我们在下面将谈到这个问题。

试以 i 代表契约利率,则企业家在年度终了时须归还给银行的数额是 $K(1+\frac{i}{100})$。资本家的存款可假定为定期的,其期限一年。银行付给存款的利率,总是要略低于对贷款所索取的利率的。[①] 由于这两个利率之间的差额,使银行获得了报酬。这首先是由于银行在经营中不能免于劳务和风险,其次在库里要保有一定数量的金属货币,这是没有利息的,至于它所保有的流动性有价证券,其利息是无多的。但根据我们的假定,银行必要的现金保有量是可以减到最低度的。(这当然不是说银行或其主有者自身就无须保有足够的财产,以博取社会的信任。)关于银行的经常开支,我们也一概从略。因此我们可以假定贷款和存款的利率是均等的,或者接近于均等的——无论如何,这是一个没有什么妨害的假定。

于是银行一方面有资产,一方面有负债,两者的量都是 $K(1+\frac{i}{100})$,两者都是在年度终了时到期。货币贷放和商品交换业

① 就活期存款说,情况当然更加是这样。这些在这里与我们无关。

务，在一年的其余时间始终在停滞状态中，而生产则从年初开始，继续不断地进行，直到年终。

生产的果实首先是为企业家自身所有。果实的大小，或其所获得的价格，决定利润是多是少，还是要受到亏损。在不受扰乱、完全稳定的情况下，我们可以看到，企业家是既不会有利润也不会有亏损的；他所得的，只是管理其事业时的劳务的报酬，其数额正同他为别人，譬如一个公司，管理相类事业时所能获得的一样（我们在前一章里曾提到关于这个论点必要的补充，那就是在企业经营中无可避免的风险的存在）。

这样，在年度终了时，企业家所获得的，平均将不超过利率 i。换句话说，其产品总值，按正常价格水平计算时是 $K(1+\frac{i}{100})$。资本家商人这时要在其银行账户中支款，所支的恰恰就是这个数目。他们可以用银行支票向制造商购买制成品。制造商再以这些支票来归还他们在银行的债务（虽然，他们立刻就要进行获取新的贷款）。他们负债的数额恰恰就是 $K(1+\frac{i}{100})$。由此在年度终了时，银行与企业家之间一切债权债务都已清讫。另一方面，资本家对他们自己的资本，在这个时间所保有的，却处于原始形态——物品的形态。

资本家首先将欠他们的利息那个部分加以处理，其数是 $\frac{i \cdot K}{100}$。我们假定他们的做法是在他们自己的一群里进行交换，将换得的一个相应数量的物品放在一边，以备下一年间消费。进行交换时的货币进出，可以用银行支票来完成；但各个账户最后记入贷方和借方的数额是均等的，因此每一账户的余额仍然是零。其余的物品照当前价格水平计算，其价值是 K，是为下一年度的实物资本。这一个程序将周而复始地进行。

现在假定，由于种种原因，自然利率与契约利率之间发生了差异。这可以是由于，比如工资水平降低（由于工人人数相对地增加），或地租或其他租金降低，最后或者由于技术进步的结果，使劳动和自然界势力的生产力有了提高。假定自然率提高到百分之 $i+1$，而银行仍将其贴现率惯常地保持在 i。

这样的差异将对哪一方有利呢？首先当然是有利于企业家。在年度终了时，其产品价值，照正常价格水平计算，将达到 $K(1+\frac{i+1}{100})$，而其所欠的数额只是 $K(1+\frac{i}{100})$。这样他们就获得了超额利润 $\frac{K}{100}$。他们处理这个利润时，可以在他们自己的一群中进行交换，将换得的一个相应数量的物品放在一边，以备下一年度消费；其存量的其余部分则按正常价格卖给资本家，其货币总额达 $K(1+\frac{i}{100})$。因此在这一个情况下价格水平没有变动。

这个例证可以有多种多样的修改而不影响结论的性质。譬如，企业家可以把他们物品的全部，包括那个百分之一的超额利润，一并卖给资本家。这样不一定会促使价格有任何跌落。诚然，这时资本家为了对这个溢额部分就其自有资本进行偿付，在支付工具方面必须求之于银行。但这时企业家的超额利润已转变为货币形态（银行支票）。他们付给银行的是 $K(1+\frac{i+1}{100})$，而所欠的只是 $K(1+\frac{i}{100})$，因此在下一年开始时，他们对物品的需求就可以提高$\frac{K}{100}$。由此可见，假使工资与租金无变动，供给与需求在现在价格水平上将继续平衡。假使企业家他们自己也是商人，或者我们将买卖的职能指派给企业家和资本家以外的另一团体，情形也还是这样。

即使我们要将物品数量的增加跟价格下跌的倾向结合在一起，那么由于这样的原因可以预期的跌价也是极微细的。就我所知，更加重要的是，这样发生的跌价是只能限于一次的；由于两个利率间的差异而发生的对价格累积性的影响，将完全使这个因素湮没不彰。

如果企业家年复一年，不断地获得些这类超额利润，结果只能是引起他们扩大活动的倾向。让我再一次着重说明，这不过纯粹是一个倾向问题而已。生产实际的扩张是完全不可能的；因为这是需要生产中的实际因素劳动和土地的供量有所增加，或者固定和流动实物资本量有所扩充，使生产的现有因素能够在更长久的因此也就是更有效的程序下使用，方才能实现的。这样的变动的实现是需要时间的，这里我们无须加以考虑。假定一切跟以前一样，或者充其量，也只是由于比如工作时间延长的结果，在生产上有了某些非累积性的增长，这对于价格的影响不是累进的，因此我们也可以略而不论。

有一个流行很广的意见，认为靠了“激发企业精神”或类似事物，在适当情况下，几乎可以无限制地扩大一国的产量；这样的意见是无法同意的。这个不合理的见解的产生，是由于把注意力集中在生产的一个部门，也许这个部门准备了超量的固定资本（房屋、机器等）。就这一单独的生产部门说，其产量可能立时有所增加，但这只是在牺牲别的生产部门的情况下取得，势必从它们那里抽取劳动力和流动资本。近来由各国采集的不同时期的失业统计，我认为可借以说明在正常情况下生产普遍扩张的不可能。统计说明，失业工人的平均数字比较小，只是百分之一。这样要达到生产普遍扩张，只有出于工作时间延长的结果——不论延长多少时间，这是既不符合愿望，也是办不到的——或技术上进一步改进的结果，方才有可能。

利率降低，对于使用“较多资本”的，就是说其投资时期比较长的那些企业，其所得的利益，与别的企业在性质上是有所不同的。它们的活动将由此扩大；但是另一方面，别的那些企业，使用较少资本的，由于工资提高、原料价格上涨等等的结果，将不得不有所**收缩**。

假使产量扩张的**倾向**在演进时，将促使劳动力和其他生产因素的需求有所增加——在实际情况中，原料、半成品等等的需求也将有所增加。货币工资与货币租金将被迫提高，虽然并没有发生生产的普遍扩张，企业家为了本年度的生产，将不得不向银行多借些资本。工资究竟将提高多少，因此工业资本将增加多少，这里是无法直接决定的。但依照我们的假定，要设定一个限度是可能的。如果企业家并不在预期将来价格的任何上涨，那么工资提高的最高限度是利率的下降。为简化起见，假定这个最高限度已经即时达到，那么企业家向银行所需求的资本，现在就是 $1.01\ K$ 了。

这样增加的贷款需求，银行方面像对以前的或对任何别的需求一样，可以从容应付，利率并无须作任何提高，假定仍为百分之 i。但是或者要以为由于工资的提高，企业家所希望的本年度超额利润，将全部被剥夺。实际情况怎样呢？如果工人和地主分别按照其货币工资与货币租金所提高的程度，提高其对于本年度消费品的需求，那么需求增长了，而商品资本量还是同以前一样。结果必然是一切价格的上涨——最简单的是可认为将按需求的增长作比例的上涨。因此全部商品资本的价值以前是 K，现在要偿付的数额却是 1.01 K。商人在货币(银行支票)的形态下收到了这个增加的数额；但是他们要记住，因为价格上涨了，这个数额只是体现了与以前相等的实物资本量。因此我们假定他们仍将这项货币资本 1.01 K 交给了银行。假若他们不这样做，却增加自己对商品的消耗，这就使他们的需求超过了相应于其所得的利息，那时显然价格将更加上涨，而工人和地主的货币收入虽有所增加，其所获得的消费品将少于正常的数量。情况必然是这样，因为实物资本量由于资本家方面消耗的增加，实际将降低。关于这一可能情况，兹从略：我们假定在兹所考虑的过程中，实物资本量将保持不变(或者绝对地，或者与人口相对地)。

在经济年度开始时，当物品作了交换以后，其情况是这样：银行对企业家发放了贷款，于年度终了时到期，其数额包括利息为 $1.01\,K(1+\frac{i}{100})$，那就是大致相等于 $K(1+\frac{i+1}{100})$，一方面银行欠资本家的是相等数额的货币，于年度终了时到期。工资与租金这时已平均提高 1%，但商品价格也是这样，因此实际工资与租金，平均与以前的水平相同。当然，这不等于说个别团体的工人或地主的所得不会比以前增加，因此其实际工资与租金确有所提高，从而牺牲了某些别的团体的实际收入。

此后进一步的发展是持续与惯性定律的结果，前已一再述及。根据这一定律，一度已经达到的价格，除非有某些独立的原因使之下跌或更进一步上涨，将无限制地坚持下去。如果商业情况相当稳定，不是像我们现在所假定的那样在不连续的跳动的方式下进行，则事实上这种坚持将更加强化。除非我有着很大的误解，这就是价格变动为什么比我们所想象的要大大地迅速得多的原因。因为较高的价格水平如已一度确立，则可能在几个月、几个星期甚至几天以后，成为新契约、工资协议、租金协议的依据。同时将实现的是，在长期企业中所使用的原料与劳务，其需求、其价格，如我们前已提到的，将立时提高到这样的程度，其前进将与信用条件的放宽（绝对的或相对的）相一致。对于一定时期，比如为期一年的信用，其条件如有某种（相对的）变动，由此引起价格上的变动将到什么程度，即使要作一大致的估计也是不可能的；但是我们只须这样指出，大概这个变动将这样地大，因此在现实中发生的价格上一切这样的变动，可以拿它来作为解释的极自然的依据。现在还是回到我们所假设的情况的本题。

在一年中所产生消费品的总量，比上一年度终了时所产生的并没有多一些。其价值原来是 $K(1+\frac{i+1}{100})$，由于价格上涨了 1%，现在的价值是 $1.01\,K(1+\frac{i+1}{100})$，或者大致为 $K(1+\frac{i+2}{100})$。由此可见，如果企业家同在上一年的做法一样，将物品产量内的 1%，在他们自己的一群中进行交换，那么其余部分，他们能够卖给资本家的，其数额将是 $K(1+\frac{i+1}{100})$，这就使他们能够偿还银行贷款。由于资本家向银行支出的也恰恰是这个数目，在年度终了时，所有银行账户，其余额将再度为零。这就很容易看出，企业家所得，在他们的“工资”以上，其数额相等于资本 1% 的那个超额利润，恰恰就是自然率超过契约率的那个百分数。

现在让我们假定，在第三年度开始时，银行将它们的贷款利率提高到了自然率，即 $i+1$。价格的涨势现在当然是停止了，但价格却**并不**回到其原来水平。诚然，现在企业家已经被剥夺了获取超额利润的机会，他们已经不再具有进一步扩大活动或增加对劳动需求的动机。同样地，他们也没有减低其对劳动需求的动机。工人与地主自然要力图按照新水平维持其工资与租金，这些，企业家可以基于新的价格水平照付，不致受到“亏损”，就是说，他们自己的“工资”不致因此降低。于是在货币价格、工资和租金的一个较高水平上，一切依然保持着平衡。①

但是另一方面，如果银行维持旧利率，上述的整个程序将重演一次。工资和价格将再提高，假定 1%，在年度终了时，企业家按照价格新水平售出其存货，那时工资虽然提高，他们仍将获得相等于资本 1%的超额利润。

企业家的借入资本和银行的存款，其数额现在都是 $1.02\ K$，对两者所支付的利率都是 i。但是由于价格现在已上涨 2%，年产量所值已是 $1.02\ K(1+\frac{i+1}{100})$，而企业家所须还给银行的只是 $1.02\ K(1+\frac{i}{100})$。这一程序以下的演进就不必再啰嗦了。

在这样的推论下，对于一切工资、租金和价格（以货币表示

① 现在企业家向银行借入 $1.01\ K$ 的资本时，其利率是百分之 $i+1$。由于他们的年产量照新的价格水平计算时值 $1.01\ K(1+\frac{i+1}{100})$，所以他们能够这样做，并不受到任何损失。

时),可能会想象成是在坚稳地、或多或少均一地上涨着的。但是企业家对于这个程序的持续,一旦抱着倚恃观念时——那就是说,预期着价格在将来的上涨——实际的上涨将越来越迅速。[1] 在极端情况下,每一次所预期的涨势都被充分预料到,则价格一年的上涨将无限地巨大。

我们曾经指出,我们的描绘跟现实并不是一致的。应该记住,交换和支付的实际程序并不是这样一年一度的,而是在迅速的连续中一个接着一个的,因此一笔交易,照马克思的用语,总是在“影响”着又一笔交易的。况且在商业的正常经营下,假若预料有利可图,这方面有足够的诱惑力时,同一批货物,往往会在投机的动机下,被多次地买进卖出。因此毫无疑问,价格的猛烈波动,可以由某些原因引起,虽然这种原因,其本身极其平凡、微细,却可以发生实际的、久远的影响。

关于资本家,我们所假定的是他们按着一直在增进中的一个正常的货币量存入银行,并按照正常利率收取利息。因此他们对于消费品以货币计的需求,是跟工人和地主的需求同时扩张的。企业家的情形也是这样,他们的“工资”,计算时当然是以当时的价格水平为依据的。这样就使工业产品的分配,除了企业家所得超额利润那个部分出在资本家的头上以外,仍然跟以前一样。

必须承认,在实践中这些结果是需要作某些修正的。这时必然有些资本家,宁愿使自己转变为企业家,以便分享企业家较高的利润。等到发生这种情况时,用借入货币经营的事业,其数量势必缩减。这对于价格进一步的变

---

① 参阅本书第七章。

动，难免要发生一定的缓和影响。另一方面，工人和地主的处境，也许比我们所想象的要坏一些。由于实际或实质上信用条件放宽的结果，情况优越可以把劳动和土地吸引到它们自己那边的，是资本投放时期比较长的那些企业；因为最后产品价格不变而工资和租金提高的情况，正是在那里，其重要性要比较低一些。[①] 因此生产将作这样的转向，资本投放时期平均长度将增加，流动资本将倾向于转变到固定资本。结果必然是一年的现有实物资本量趋减，实际工资和租金将下跌。至于那些货币收入固定的阶级，当价格上涨时，当然要受到损失了。[②]

当贷款利率恒久地高于自然率时，关于必然发生的价格的相反变动，现已无须多说。这时企业家不但没有超额利润可得，他们将遭受损失，他们首先将从其工资，或者从其自有财产收入项下，设法弥补。为了避免这种情况，他们将希望缩小活动范围，限于比较有利的那些方面，于是他们对劳动和土地的需求将相应地缩减。但工人和地主方面将有所反应，他们将降低其对于工资和租金的要求，由此整个活动将按以前的水平继续下去。（但无可否认，某些工人——工业后备军——将失业，虽然不是累进的，也许多少是带些永久性的。）

一方是工资和租金减低了，一方是消费品（实物资本）的量并无变动。结果商品价格将相应地下跌，企业家的损失将无可避免，表现在两个利率的差异上，或者至少在一部分的差异上（如果企业家能够将其余部分转嫁到工人和地主肩上的话）。[③] 接着货币工

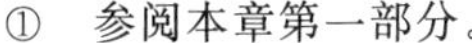

① 参阅本章第一部分。

② 参阅本书第一章。

③ 这就是说，不论是收缩或扩张的变动，工人和地主总会受到损失。这是并不足怪的，因为任何猛烈的变动，总要同拉普拉斯（Laplace）所说的"活力的损失"结合在一起，这个道理也同样适应于经济学的。

资等将进一步下降，从而更引起价格新的跌势。变动将这样继续下去。只有等到自然率重新提高，或者银行决定降低其利率，价格的下跌才会停止。

还有一点须提到的，即事实虽然同理论根本完全一致，但在外貌上往往是有些不同的。这是由于关于价格的变动，在我们是把它当作孤立的现象对待的，而实际上却有工资等等别的一些独立的变动驾乎其上，这些变动，其性质是跟它不相类似的，还可能是相反的。假定由于实物资本量（绝对或相对）的减低（如在战争时，或人口迅速繁殖时），使自然率有了提高。这时实际工资必然低落。如果货币率跟着自然率提高，则货币工资与实际工资一同低落；但是如果货币率保持不变或实际上降低（这是很容易发生的，比如由于交战国家的发行纸币），则货币工资可能不动或者上涨，但货币价格的上涨将超过货币工资。有一种很普遍的见解，认为工资的上涨比价格迟缓，其起源或者就是由上述的可能情况构成的。

另一方面，如果由于实物资本的积累以致自然率降低（同时使实际工资提高），而货币率仍维持以前的水平，则很可能发生的是价格将低落，而货币工资等显然不受影响。这正是最近几十年来价格变动现象的特征。所以对这一事项加以进一步的详细审查，也许是适宜的。

我们所假定的是资本在不断累积中，这种累积虽然可能有些迟缓，但是生产效率总是在增长（这是紧要的，否则自然率不久将降至于零）。此时价格的下降，其进行大致将如下面那样。货币利率保持不变，企业家起初是继续按向例的数量向银行借入货币，用以十足地支付工资和租金。但是与这项“货币资本”相对照的，并不是一个不变的而是略有增加的实物资本量。因为资本家对于上一年度终了时偿付其利息项下的产品，自己并不全部消耗；他们储蓄了一部分。因此他们对商品的需要减低了一些，假定减低了资本的1%。价格势必因而下跌，而工资与租金以货币计算时没有变动，这就是在实际上提高了一些了。现在总是按照最简单的情况作假定，就是说，假定已经一度达到的价格水平，除非发生了改变的适当理由，将坚持下去。如此，在年度终了时，价格将保持在低水平，于是企业家，他们本来是既无盈也无亏的，现在势将受到亏损，其数将达资本的1%。

结果，假若别的方面没有变动，对劳动等方面的需求将减退，（货币）工资与租金将降低。但是由于工业进步的结果，平均生产力将增长，本年度的产量可望其增加1%[①]。这样就显得企业家好像仍可照向例继续进行，照向例支付工资与租金；因为预期中的产量的增加，将与已发生的价格低落双方相抵消。

但是同时必须假定，实物资本量由于新的储蓄的结果，已有了更进一步的增加。（这里应该注意到，实物资本已有了1%的增加，对这一点在企业家须看作是损失，他们因此在本年度须减少消费，以谋补偿；没有资本家的妨碍，这样是可以维持同上一年度开始时同样的数额的。）因此价格进一步低落是无可避免的结果。实际资本与租金将更进一步提高，虽然以货币计算时仍无变动，这时

① 如果生产在第一年度已有增长，则在两个利率之间将没有分歧。价格将保持以前的水平，其他的一切——工资、资本和利息——将只是均等地提高。

生产力纵有所增长，企业家仍然不能免于亏耗。

程序可能这样继续下去，价格下跌愈趋愈甚，货币工资与租金则无所变动。银行贷出货币的总量与存款的总量不变，[①]而实物资本及年产量则不断增长。用通俗的语言来表达时，这就好像是价格的跌势起源于"物品的方面"，而不在于"货币的方面"。但价格的跌落，在这一个情况下，同在资本量与生产量保持不变的情况下，其直接原因是完全相同的：直接原因就是货币利率超过了自然利率。如果不存在这样的分歧——如果，比如在兹所考虑的时期间，一开始银行就降低贷款（和存款）利率，使之与自然率趋于一致（如实物资本量的增长程度降低）——则"货币"的量将与物品的量步调一致，价格将没有任何的低落。这是很容易说明的，像下面这样：

假定在第一个经济年度开始时，银行已将其利率降低到百分之 $i-1$。对企业家来说，他们又获得了其资本的 1% 的超额利润——至少在他们看起来以为是这样，关系也就在这一点上。由此企业家对生产的各项因素的需求增加了，一切工资和租金，因此平均提高了假定 1%。[②] 其程序前面已有所讨论，但是在前面所述的情况下，超额利润是由企业家保留的。因为工资提高以后，价格就马上跟着上涨了。但现在情况将不是这样，因为我们现在假定由于资本家的储蓄的结果，实物资本量同时也增加了大致 1%。因此价格没有变动。企业家对工资与租金须增加支出 1%，因此

① 但是资本家却享受着其储蓄的果实，因为其货币资本数量不变，价值则一直在增进中。

② 实际上所提高的或者要少一些，但这是无关紧要的。

很明显，在年度终了时，他们不能享有超额利润。他们借入的“货币资本”，其数达 1.01 K，再加百分之 $i-1$ 的利息，在年度终了时，他们所欠的是 1.01 $K(1+\frac{i-1}{100})$，或者大致为$K(1+\frac{i}{100})$。年产量还没有变动，照当时的价格水平计算，其价值为 $K(1+\frac{i}{100})$。这样企业家既无盈余，也无亏损，正同在正常情况下一样。

如果别的一切都没有变动，他们仍可以（由于信用条件继续放宽的结果）按工资与租金的较高水平继续支付；不过提高对劳动等等的需求的动机却没有了。但是现在由于实施了那些技术上的改进，成本没有任何提高，而产量可以增加。这就再度燃起了对超额利润的希望，生产中各项因素的需求再度受到刺激，但结果仍同以前一样——工资（实际工资以及货币工资）与租金水平提高了。企业家对于所预期的将再度失望，由于价格上涨使他们获得超额利润的愿望仍然不能实现——因为实物资本量也同时增加了。

在上一年度开始时，实物资本计其价值是 1.01 K，资本家将相等的数额存入了银行。在年度终了时，资本家账户的贷方数额是 1.01 $K(1+\frac{i-1}{100})$，他们就用以购买这一年所产的物品。但是他们所享有的利息现在只是$\frac{(i-1)K}{100}$，倘若不是由于新的储蓄，其资本量仍将与年度开始时相同，即 1.01 K。我们所假定的却是有了新的储蓄的，其数达 0.01 K，换句话说，即资本家对下一年度的消费，其数额只是$\frac{(i-2)K}{100}$。因此在这一年度开始时，实物资本量是 1.02 K。

至于资本家，由于存款利率降低的结果，其收入减少，他们这时是否能够或愿意储蓄像以前那样的数额，这是另一问题，我们在这里不必过问。

以上所述，联系到传统的见解时，有好多部分，必然要显得差不多有些怪特。例如关于工业品在资本家与企业家之间的分配，所凭以决定的，好像不过是他们的主观意向或一时的浮动。但是要注意，我们现在所研究的是从单一的动机出发的心情和感应，是各个人所共同的，是要加以统一对待的。因此其效果是同一的，是好像为了一个共同目标，出于自觉的合作那样。同时，这也是毫无疑问的，资本家和企业家控制着社会的生计基金，他们通过经济上的协作，可以将生产中劳动以及其他因素的份额减低到几乎无限制的程度，使他们自己在生产中的份额作相应的增加。另一方面，各个资本家或企业家在这方面实际是无权力的。他不能不跟着潮流——诚然，他自己也构成了潮流中的一个分子，但大势所趋，他是无法抵抗的。

或者要进一步提出疑问，我们说信用机构只须与企业家协同行动，就有权力决定生产力的方向，因而决定资本投放的时期，更不必顾到现实的资本家即物品所有人，这样的说法对不对。这里也毫无疑问，情况确实是这样的（虽然，在事实上这个权力的绝对性不至于像我们所假设的这样）。我们始终在假定着，（流动）资本的投放时期是一年。假定现在银行把由它们所支配的"货币"（也就是所发放的信用）一部分按两年期贷出，而其存款的全部仍然只是定期一年。这样是否会使银行破产，或者至少引起业务上很大的困难？没有这样的事体。实际结果，只是在第一年度终了时，完成的消费品数量要略为小一些；因为那些借入资金以两年为期的企业家，或者把资金（以及用以购入的生产劳务）专门用在需时两年的生产程序，因此产品尚未完成。当资本家商人按正常价格（情形多半是这样的）来收买制成品的现有量时，他们无须使用其资本的全部，一部分就仍然存入银行（其数相当于银行贷款尚未到期的那部分）。但是如果资本家商人确是将其资本的全部购买了物品，这就只能引起价格上涨，其溢额归于现有消费品生产者所有，他们可以把它当作资本来使用。对于这个问题不论采取哪一见解，应该看到，货币将立时回到银行。或者是以支票支出的数目，将以存款方式回到银行。由于投资时期放长所不可免的真正储蓄，事实上是——正在恰当的时间——强加之于消费者全体的；因为第二年度可供消耗的消费品，其数量比平时为小。在年度终了时（即在下一年度开始时），需时两年的生产已经完成，消费品现有量有了相应增加，消费者过去的节制至此可以得到些报偿。

这些考虑，关联到实际经济事态时是极端重要的，但在货币理论的惯常讨论中，认为只是属于自然经济范畴，往往加以忽视。

第十章　国际价格关系

为了使我们的理论受到经验的考验，对于在限定的经济制度下利率与价格的同时变动，必须作一观察。但是今天唯一限定的制度就是整个世界，就整个世界说，我们却没有商品价格的可靠数字。现有统计都只是关于个别国家，或者实在是关于个别市场的。我们要问，这些资料对于我们的目的究竟有没有什么用处。换句话说，我们要问，一个国家的价格变动对于别的国家同类的变动，究竟能起到多少暗示的作用，港埠的价格变动与内地价格究竟相关到什么程度。

这是久已公认的，一个国家的一般价格水平，不能同与它有贸易关系的那些国家的现时价格全无瓜葛。当各种不同价格水平之间的平衡被某种变动破坏以后，关于其进行恢复的方式，我们所熟知的古典学派理论曾作了解释。如果国内价格上涨，别的情况不变，则外货进口受到鼓励，国内货物出口将比较困难。结果支付差额有利于外国，须以货币偿付。货币外流，使国外价格有所提高，而国内由于贵金属比较不足，将使价格降低到以前水平。

这个解释基本上必然是正确的。但是很明显，价格的国际平衡的恢复，通常是还要迅速得多、直接得多。外货供给的增加以及出口需求的减退，其本身必然直接、间接对国内价格发生一种压力，这与同时的贵金属的移动完全不相关涉——国与国之间，不论这一国以金那一个以银为价值标准，或两者之一，或两者共同采用纸本位，这时所感到的压力是一样的。但在后数者的情况下，对价格作一全面的、明确的共同规定当不会有问题。的确，由于汇兑率无阻碍地提高的结果（在价格比较上涨的国家），进口的超额迟早将消灭，从而使平衡恢复。同时，汇兑率的变动，不过是承认了两个价格水平之间的离差，从而提供了两个标准（比如金与银）彼此之间兑换价值变更的尺度；这种变更必须认为实质上是相对价格变动的**结果**而不是其**起因**，[①]虽然，这并不是说两个价格水平，因此间接地也就是两种贵金属的相对价值之间的关系，就不会受到这些贵金属生产情况变动的影响了。

即使两个国家采用同一种金属作价值标准，其一般价格水平也不必相同；必须意料到两者之间会有很大的、相当永恒的离差。这种离差在往年更为显著——例如在十九世纪最初$\frac{1}{3}$的时期间的情况，由纳沙·西尼尔在他著名的关于美国、英国和印度工人生活费的周密比较中所论证的那样。[②] 西尼尔所作解释，他所凭借的是这些国家与贵金属产源的不同距离，尤其是在文化比较发达的国家其**劳动效率**的比较提高。这种解释不能认为正确。关于后一因素，穆勒曾经指出，[③]这只能说明实际工资的不同（事实上在那

① 参阅马夏尔教授在金银委员会的证言，特别是他的备忘录（《最后报告的附录》，第 47 页）（《官方文件》，第 170 页起。——原译者）。

② 《关于取得货币时的费用的三次演讲》，第 1 页。

③ 《政治经济学原理》，第 3 册，第 19 章，第 2 节。

个时候，英国的实际工资非常低），而不能说明价格的不同。如果价格跟着货币工资变动，那么在已开化的国家，其实际工资就不会比未开化的高：工人提高其效率时，对他又有什么好处呢？

穆勒自己认为价格的所以不同——其差距的量，他认为无论如何过于夸大[①]——其最主要原因在于外货输入英国时，其成本比输出品为高。但是无论如何，照穆勒的看法，“在那些国家里，其输出品在国外有最大需要，而对外货其本国却需要最少者”，其价格将达到最高度。

当问题纯粹是价格离差的趋向而不是它的量时，这个论点也许是对的。因为一国的产品，在别一国的需要无论怎样殷切——两国或者是由政治的界线隔开着，或者是两个相邻的港埠——如货物可以自由交流时，价格就不会长期存在着显著的差距。为了对上述问题获得解答，重要的一点是对于这两个因素（一方是离差的趋向，另一方是它的量）必须加以区别；因为它们根本的起因不同，虽然是部分地相关连的。

假定有两个国家 A 与 B，就其生产条件来说，完全相同，或者，事情也是一样的，A 在生产的每一部门都比较 B 有着一致的优点。根据李嘉图著名的定律，这两个国家之间，不论直接或间接，是不可能发生任何贸易的。如果它们同世界的其他部分相隔离，则两者任何一方的价格水平超过对方价格水平时，其溢额应以任何一种商品由于尽可能低的运输费用（包括赋税）所决定的价格

① 当穆勒的时代（约为十九世纪中叶），英国的价格，在其前的二十余年间，跌得很厉害——大概超过了多数的其他国家。

的差额为度。运输费用(包括赋税)成为双方的限度,任何一方,其价格上差额的提高,只能以此为止,不能突破。

现在假定双方的生产条件是相同的,不过在国家 A 所生产的商品中有某种商品,在国家 B 无法生产,或者只能在高度的成本下生产。这一商品,当然一部分要输出给 B。假若 B 的价格水平与 A 相同,这就没有商品可以有力地输出到 A,B 对这一输入品最初将不得不用货币(贵金属)偿付。结果是 A 的一般价格水平将提高,B 将降低,直到使 B 终于能够在有利的情况下输出些商品给 A 。当这一点达到时,A 的一般价格水平将恒久地超过 B,其差距将达到有关商品所需运输费用的十足程度——除了关于 A 在生产中特别有利的那个商品:这一商品的价格,在 B 当然要高于在 A,但在一般价格水平的决定中,它所占的,大致只是一个不重要的地位。

现在我们可以看出,决定一般价格水平离差方向的是什么。这并不在于一国的一切生产部门都优于其他国家,而实在是在于其优越的只限于少数生产部门,至于其他国家,或者并不据有任何优势,或具有优势的那些商品,与所需运输费用相比较时价值很少。另一方面,离差的量是决定于运输费用的一般水平的。所以特别要看两国之间的距离以及关税壁垒的高度等等而定。

很容易遇到的情形是,对于价值标准,比如黄金,要输入的国家,其一般价格水平比产金的国家为高;假若黄金不是后一国家唯一或主要出口品的话。

现在已经可以看出,不同国家的相对价格水平,同各该国与贵金属产源的相对距离是没有关系的。只有当所有国家的生产条件都相同(或者相异的情况一致），因此对贵金属须用同样的产品相竞争时，情形才会是这样。

但这也是大致正确的，如果两个国家彼此没有显示着什么特殊不同的特点，与贵金属产源的距离又大致相等，则两国的价格将处于同样的一般水平：它们为了获致一定数量的黄金，须付出数额彼此相等的货物。

关于这一点，勒克席斯（W. Lexis）的论调是离奇荒谬的。[①] 他企图推翻李嘉图"比较成本"法则的重要意义，认为倘一个国家所有的生产部门都优于别一国家，则将关税壁垒撤除以后，其直接影响将瓦解在每一种商品生产中的竞争。勒克席斯作出这种结论的理由是，他认为只要保持着原来的关税，则在两个国家内"货币价格的一般水平"，因此也就是"劳动力的单位货币价格将大致相同"。但这样的情况是不可能的。如果在两个国家里，其一般价格（平均）水平相同，则劳动力的单位价格（别的方面情势相等），在所处环境较好的国家，比生产力较差的国家，必然要相应地高些。如果勒克席斯的意思指的是一个国家只是在其生产中两个部门（布和铁）较次于别一国家，那么应该认清，根据李嘉图的理论，在实行自由贸易以后，所有这两种生产类型在这个国家里都将被抛弃。在这一点上，勒克席斯的论证完全落空。

很容易看出，国际及地区间债务的偿付，进行时的情况也是相同的。在一个国家里，其比较边远地区的价格与生活费用，往往比大城市及其周围要低得多；这一事实无疑的在这里可以获得最简单的解释。（这种离差在往时甚至比现在更加显著。）郊野地区对城镇总要交纳些租金、遗产、捐税等等。因此城乡之间，即使没有商品交流，物品还是要从乡村流到城市；乡村价格水平比较城市的水平时，其抑低的程度大致相等于其间的运输费用。特种的都市产品，其价在城市当然比在乡村为低廉，但这是并不十分重要的。

---

① 《瑟堡氏手册》，第 3 版，第 2 卷，第 24 条（交易），第 65 节，第 903 页。

现在很清楚——并曾一再被指出的——当十九世纪大部分期间在运输方面的不断改革以及许多关税壁垒的消失，必然促使各国之间、各地区之间价格水平的逐渐趋于平衡。如果不是由于现在经济保护政策在思想的复活，这种影响将更加普遍、更加根深蒂固。

这一点是必须记住的，如果我们要从指数所表示的价格变动中得出正确结论。[①] 这些指数所涉及的，几乎专门是某些商埠如汉堡与伦敦的批发价格。当指数下降时，其下降大致，或者简直是肯定的，系部分由于内地价格与商埠价格之间的这种平衡作用；因此欧洲价格的平均水平，其下降必然比指数所表示的要和缓得多。另一方面，当五十及六十年代，指数表示总的上升时，在内地价格的上涨，因此也就是平均的涨势，大致要比所表示的为迅速。关于这一问题，要作更精确的调查研究，现在还没有可用的资料。

在下一章里，我们对于英国的价格将特予注意。有两点应该特别记牢：关于十九世纪前半期，当战时及战后运输情况有了变化；关于较近时期，英国出口品的内容有了重大改变。有一个时期，英国所出口的，几乎全部属于高度坚致的织物以及其他制造品，但自从在四十年代初期将煤的出口税免除以后，英国所大量输出的正是这一商品，与其价值对比，重量和容积都是最大的。另一方面，现在英国的进口品，其运费比较低——有些场合，其运费几乎是微不足道的——而在以前则情况大致相反。除1850—1873年时期以外，像在英国所发生的，价格那样不断的、猛烈的下降，是别的国家所从来没有经历过的。

---

① 但关税的影响只能是间接的，因为外货当然是照存“关栈”时计值的，其价格是按免税计算的。

道理依然是这样，一个国家如果同世界其余部分有着贸易关系，则其价格水平的变动，必然是与上面所发现的规律在理论上相一致的。进口的增加，那是同国内价格的上涨相随而至从而防止任何进一步上涨的，可以认为是国内流动资本的增加。结果是自然利率下降，倘别的情况没有变动，这将防止国内价格水平任何进一步上涨，或者将使之实际下降。这一意义曾经在上面提出，[①]在上一章末了所举的例子也可用来说明。

据此，主要原理总是一样的，但是应该承认，一等到由一个孤立的社会、比较简单的情况，转到国际贸易的错综关系，从而使事态复杂化时，理论的证实就显得要困难得多。当我们对个别城市的价格变动要进行研究时，困难就更加突出。

正是由于这些困难，使我感到似有必要对我们理论的要点作一详尽的叙述，并为了企图使之有说服作用，将试以事实来比较严密地考验理论。

① 本书第八章。

第十一章　从上述理论看实际的价格变动

往往有人企图证明价格的变动与利率的变动两者是并驾齐驱的。上面已经提到，这样的尝试从来未能获得成功。有些人把两种变动归之于一个共同的原因。例如有的人说“黄金的过剩”促使价格上涨，同时也使利率陷于差不多永恒的低落（两者的意义都是所谓“低廉货币”）；另一方面，价格下跌贴现率上升，则认为系黄金的不足所造成。有的人则认为低利率是对生产与投机的刺激，由此将价格上涨归因于利率的下降。但事实与理论从未能取得一致。一般地说，向来所看到的是，贴现率降低以后，跟着的是价格下跌而不是上涨，而非常高的贴现率是难得见到的，除非当商品价格上涨的时候。近来吉分[①]对这论点曾试图加以辩护，他把利率联系到比较近代时期的价格变动。吉分所得的结果差强人意，但整个说起来，不能使人信服。

人们不久即注意到，倘以价格变动本身作为原因，以利息为结果，这样将比较适当。这一论点有其理论根据，因为如果别的方面

① 《金融论集，第二集》，1886 年，第 70 页。参阅欧文·费雪教授对他的见解的评论，《价格上涨与利息》，1896 年，第 57 页，附注。

情况不变，一个继续不断的，因此是意料中的价格上涨，是会使贷款利率提高的。

这实在就是欧文·费雪近来所采取的观点。他指出，[①]当价格上涨时，企业家对贷款就能负担较高的利率（由于对贷款需求增进的结果，他们将逐渐地被迫负担着较高利率）。因为“商业利润……是总收益与开支之间的差额，如果收支两方都提高，其差额也将提高”。这一论断的根据系出于误解。假若这是商业利润提高的原因，那么利润就只能按价格的比率提高，也就是其提高的年率将不超过纯利本身一个很小的百分数；企业家对于其整个借入资本项下、相应于价格上涨的利率的提高，或者将无力应付。（根据费雪的假定，企业家实际上将完全没有超额利润，因为他们自己的生活费用也已按同样的比例上升。）作为费雪论证的逻辑依据的，是这样的假定：企业家当价格低廉时支出各项费用（工资、租金等等），待价格上涨以后则出售其产品。但这样就必须假定，价格的上涨系起源于一些完全独立的原因，与企业家的行动绝无关系。按照我的见解，价格上涨，至少是世界范围的价格上涨，大都系由于企业家对劳动以及其他生产劳务需求的提高。这样的价格上涨，当系由于在先的货币工资与租金的上涨——不论其上涨时距离一致的情况怎样远——的结果，因此只能借以抵偿企业家生产成本的提高。它并不能由此使企业家具有负担较高利率的能力——除非是在通行利率低于自然率的情况下，也就是在低于价格没有变动时企业家所能获得的利润的情况下。

但是价格变动的真正原因还是在暧昧中，一等到要试图加以分析时，种种矛盾即随之而起。要说价格变动与货币市场的情况没有任何关系是不可能的（我们曾一再指出，这样的见解是既没有事实，也没有逻辑依据的）。然而数量论所提出的解释——价涨由

---

① 《价格上涨与利息》，第 75 页。

于货币过剩，价跌由于货币不足——与实际看到的利率变动又并不一致。假使这个说法是正确的话，我们可以意料到，当价格上涨时，利率将暂时降低，价格下跌时将暂时提高；当价格与贵金属存量的变动相适应时，利率将再度回复到正常地位。但是实际的观察教导我们，当价格上涨时，利率在不断提高，而价格下跌时，利率则不断下降。

我们如果将资本自然利率的一些独立因素所造成的变化，认为是这样变动的主要原因，则所有这些困难和纠葛就顷刻消散。这些变化可以认为不但是价格变动的原因，而且间接地也是相类的，但在时间上要稍迟一些的货币利率改变的原因。至于货币的有余和不足，特别是银行保有现金的数量，只是属于次要地位。这些因素，应该认为是由于价格水平变化使流通工具需求发生变化的结果。但是这一点还是实在的，这些因素可能起源于独立原因（贵金属的生产、纸币的发行、信用制度的发展等等），因此关于价格变动，有其独立的重要意义，当货币利率向自然率的新形势移动时，它们可以起促进或阻滞作用，甚至可以使货币率与自然率背道而驰。

所有这些，不论显得怎样娓娓动听，只有事实自身才能提供最后的确证。但是如果其中重要因素之一事实上不可知，则这样的确证怎样可能呢？自然利率的统计是不存在的。要作精密调查，势必为此进行特意的探询，而在这方面涉及对过去的探询时，可以说是相等于不可能的。要对近数十年来自然率的一般倾向进行观察，可以从货币率自身的变动、银行贴现率和所谓公开市场利率、公司债券和政府公债的价格中窥其大概；但是要这样做，必须先作假定，认为两个利率是平均彼此相等的。然而我们所要探寻的却是这两个利率之间分歧的程度，关于这一点实际上没有资料。

或者可以从各个企业的账目、从公司的年度报告和股利中获得些资料。但是要注意，通常所说的利息，与我们使用这个名词时，其间的含义是不一致的；通常在这个名词下所包含的，不仅是流动资本的利息，它的范围还要大得多，它包括着每一种形态的租金：土地租金、专利租金、房屋和耐久性机器的收益。这些租金是不受利率（就这一名词的狭义言）变动的影响的，或者，即使受到影响，也极迟缓，是由于增出的同类型资本物品竞争的结果。有了过多的流动实物资本以后，像上面所说明的那样，将有一种倾向，不但会使实际工资提高，而且会使一切生产因素的实际报酬提高。它将使固定资本所得的租金暂时提高，使土地的租金永恒地提高，而实际利率将相应地下降。

近来农业租金没有什么变动，或者实际还有所降低。间或认为这是资本的租金一般倾向低落的结果。这个解释是不合理的。实际上这是西欧的特殊现象，可以解释为由于海外各国与俄国方面农业竞争加甚的结果。

对于上面所说的这些困难，要逐个加以处理，目前是办不到的。虽然如此，我们将从我们理论的角度，就现有资料，对十九世纪特别是其后半期的物价历史，试作一简要的回顾。

史坦来·哲逢斯在他的作品“自1782年以来价格与通货价值的变化”[①]里，根据杜克的统计表，[②]编制了40类商品的指数，其中包括按各个种类分别计算的以及按40种的总额合并计算的。结果说明，在1790年代的初期，价格发生了非常的涨势，到1809—

① 《皇家统计学会报告》，1865年；又《通货与金融的研究》，第119页起（第2版，第112页——原译者）。

② 《物价史》。

1810年达最高峰，自1790年迄当时止，以金计上涨了80%，以略微贬值的纸币计上涨了90%。然后发生了价格下跌的动向，这种变动，以金计自1809年开始，以纸币计自1814年开始。这一跌势，除中间略有波折外，一直持续到世纪的中叶，其时下跌程度达5与2之比，即与1810年以金计的价格相比时，已显著地超过了一半。此后的价格变动，下面将述及。

为了要找出价格这样巨大变化的原因，必须肯定，这种现象为别国所共有到什么程度，为英国所独有到什么程度。虽然没有什么数字可供作精确比较，但无疑在若干程度上，英国的情势是独特的。自从英国的制造事业发展以来，由于这种发展的结果，可以想见一般价格水平，在英国要比欧洲其他各国尤其是比印度为高。但这种假定只能关系到离差的方向——所涉及的是个代数符号，这在英国不断地是一个正号。至于其间的差异的量，在上一章已有说明，是要看运输费用的一般水平而定的。为了种种原因，这些费用在战时曾被人为地提高。以后由于友好关系的恢复，以及海陆运输的逐渐发达，此项费用大大减低。为什么在1815年以前价格上涨在是年以后转入跌势，其情况在英国比多数的其他国家更为突出，其原因就在这里。

但是关于价格上涨和下跌两方面的情况，还有一个残余部分，必须归之于其他原因。哲逢斯自己认为，杜克解释战时价格上涨的原因(如农业歉收等)过于片面，主要原因是由于英格兰银行停止支现后对于货币市场的影响。其时别的国家也在发行大量的不兑现纸币——法国、奥国、瑞典和丹麦。但在这些国家，其纸币大都由政府发行，或以向政府垫支的方式，通过银行发行。在英国则情形不同，它纯粹是通过有正常银行担保品的商业信用方式来发行银行券，其发行量超过了相当于英格兰银行资本(早经垫支给政府)的总额。同时英格兰银行实行了极宽大的贴现政策。当整个限制支付时期中，银行利率固然按照正常方式维持于5%的法定最高限度，但情形渐渐变成是，只要具有适当担保品，即按照这个利率发放贷款，并没有任何限制(但在以前，当纸币可以兑现时，该行的贷款往往是非常严格、紧缩的)。这一程序在原则上有错误，这一点就是杜克的门人也承认的，虽然他们认为[①]“纸币的逾量发行”只有当银行利率偶然低于公开市场的“市场利率”[②]时才有可能。我不能同意这个论点。所谓公开市场利率(其对象通常指的是第一流汇票与证券，因此就其流动性言，几乎与真正的现款无异)，在正常情况下，总是低于银行利率的，不论银行利率原来是高还是低。真正的问题在于银行利率(因此也就是一般的利率)与自然利率当时水平对照时是高还是低。现在看来，那时银行率低于自然率似乎是极有可能的。当战争时，英国的工业绝不是处于萧条时期。情形恰恰相反：如哲逢斯曾着重指出，正是在1782—1815年间“有力地奠定了我们国内工业的基础”。[③]

这一事实，使我们根据哲逢斯的论点紧紧抓住数量论对价格上涨进行解释时，就更加困难。另一方面，用我们的理论作解释依据，却可以极切当地相配合。工业生产力提高，首先是提高自然利率，这时如果将货币利率暂时保持

---

① 瓦格勒：《庇尔氏银行条例下的货币与信用理论》，第57页。

② 不可与我们在上面所说的“债券利率”(即长期投资的利率)相混。

③ 《皇家统计学会报告》，1865年，第303页。——原译者；《通货与金融的研究》，第132页(第2版，第124页。——原译者)

不变，价格将上涨。只是在稍迟一个时期以后，银行方面准备量缩减，因而不得不提高货币利率时，价格才回跌。当限制支付时期，这个因素是完全不存在的。

接着发生了战争的无可避免的结果——流动资本相对地减少。在这样情况下极有可能的是，自然率在整个时期始终是极高的，可以设想，远比银行或汇票经纪人所要求者为高；结果价格上涨了。有一点很值得注意，价格这样地高涨，却没有使汇兑率作更加迅速、更加巨大的跌落（用英国的术语），也没有使黄金外流。其理由，上面已提到，必然是在于别的国家其价格也同时在上涨；还有，我们已经看到，如果其他情况没有变动，运输费用的提高，其本身也足以促使英国价格水平相对提高。

我的意见是，实质上同样的解释，对于价格相反的动向，如1815年以后价格的长期稳定，也是可以适用的。英国当工业在不断地发展时，引起了资本的非常巨大的积累，就这一点而言，如果不是由于对其他各国不断的贷款以及随后开始了国内铁路的兴建，则它在英国发生的影响将更加显著。那个时候，必然发生了自然率的迅速下降。货币率只是缓缓地、迟疑不决地跟随着。银行利率一直是5%，到1824年才改为4%，直到1836年止（虽然公开市场的利率比这个还要低些）。按照我们的理论，结果必然是价格的迅速低落（事实上是价格的崩溃到1932年为止。以后时有涨跌；至1873年危机以后，又发生了一次跌落，但持续时间很短）。

哲逢斯对于1815年起的价格下跌，认为比以前的上涨“较为容易了解”。①

① 《皇家统计学会报告》，1865年，第303页。——原译者；《通货与金融的研究》第131页（第2版，第123页。——原译者）

他认为其中原因之一是“在这个时期，几乎所有各种物品的生产都有了改进、扩大，并降低了成本”。但他承认这种论证“两方面都说得通”，因为在前一时期，工业的发展也并没有受到阻碍。

照我的见解，生产力增长，其本身并不能使价格发生任何普遍的下降。如果企业家和资本家将产量的增长部分划归他们自己，供其自己消费，则消费品方面的货币需要，特随着其供量作一致的扩张。否则如果企业家和资本家减低(或不增加)其自己的消费，以便累积资本，则诚然，当货币工资与租金暂未改变时，对工人和地主消费品的供给数量将增加，价格将下跌。但正是基于这个事实，自然利率也将下降，当它降至低于货币利率时，由于因此而起的对货币工资和租金的压力，通常的结果必然是价格的进一步(累进的)跌落。

在英国这样迅速的价格跌落，对贵金属的内流没有发生进一步影响，这是一个奇迹。我们对于在前一时期所显示的相反现象、所提出的解释，这里也很有理由可以适用。首先是在别的国家同时也有价格下跌的变动，虽然没有这样猛烈；其次，由于运输方面的进步，英国的价格水平与别国之间经常存在的差距，其符号为正号者，必已有所缩减。外货在英国港埠的跌价，超过了体积没有那么笨重的英国产品在外国港埠的跌价程度。最后，当此时期，英国的对外贷款，超过了它原有贷款项下到期应付给它的利息，这一现象必然有助于产生同样结果，即防止或延缓了否则势将发生的资金内流。由上可见，不断的有意于发放贷款，对国内的价格水平将发生消极的影响，而由国外吸取利息，则将向积极的方向发生影响。

关于世纪的后半叶，涉及英国的有绪尔伯克的统计表，涉及德国(汉堡)的有索特贝尔随后由海志(Heinz)继续的统计表以及康拉的统计表。[①] 他们所获得的结果彼此一致到可惊的程度,对于近年来英国价格的下降,则显示得比较突出,这一点或者与我在上面所作的解释是一致的。其总的效果是反映了英国在两个早期间价格变动的景象,虽然是在一个较小的规模上。

当五十年代,价格开始了上涨趋向,其间经1857年的世界恐慌,然后又是1864—1866年的恐慌,涨风几度中断,到1873年达到涨风的顶点。以后价格即转入和缓的跌势(这一点已经被谈论得这样多),这个跌势一直继续到现在;因此今天[②]的一般价格水平比世纪中叶时为低。

在我看来,1790—1815年间与1815—1850年间两个时期的价格变动,其意义是完全相类的。当1851—1873年间,虽然不是像拿破仑时代那样的一个战祸不绝的时期,但在这个时期间有克利米亚战争,有消耗极大的美国南北战争,有德与丹麦、德与奥,最后德与法的战争以及其他战役。另一方面,这一个时期的特征是不但在工业上有普遍进步,而且特别是由于西欧铁道系统完成的结果,冻结了大量的流动资金。由于这两个原因,一般认为自然利率一定是非常高的。这个时期货币利率摆动的幅度固然很大,但平均说起来,比其前期或后期都要高些是肯定的。虽然如此,这个时期的货币利率是否已提高到与自然率相齐,似乎很值得怀疑,这是部分地因为黄金产量高度增进以及美国、奥国与法国的纸币发

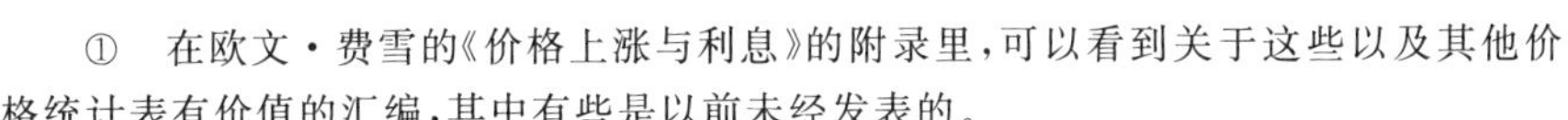

① 在欧文·费雪的《价格上涨与利息》的附录里,可以看到关于这些以及其他价格统计表有价值的汇编,其中有些是以前未经发表的。

② 1898年。——原译者

行都在起着相反作用。例如在英国，其银行利率曾有好几次低于或者并不高于市场利率，对市场利率发生了难以抵抗的抑制作用，这是可注意的也是重要的一点。价格高涨的动向并不是不可理解的。相反地，就整个欧洲言，特别是大陆的比较边远地区，可以意料到，其价格的上涨幅度比较的甚至更大。

自 1871 年以来，西欧和美国享受着无间断的和平。同时无可否认，欧洲的意向，并不是始终像其实际关系那样地和平的——目击的是武装部队与军备可怕的增长。但是这方面所花费的无论怎样巨大得惊人，当然与实际战争中对资本的浪费还是无法比拟的。[①] 铁路的建筑虽然在大规模地继续着，但大都在欧洲以外的国家，或者在其较边远的地区。总之，从社会的几乎所有各阶级储蓄而来的流动资本的增进，感到缺乏真正可以获利的出路。实物资本的增加，足以提高实际工资和其他生产因素的报酬。结果自然利率处处低落。在我看来，假使将实际(流动)资本的收益同土地与专利的租金加以区别是可能的话，则自然率的下降将更为显著。

货币利率也有所降低，但是否降到与自然率相一致的程度，必须认为是一个疑问。因为结果不能先于起因，况且还有金融方面的影响起着相反的作用。黄金生产在衰退中(只是在最近几年才重新追上去)，有些国家(法国和美国)恢复了现金支付，最后白银在广大范围内失去了法偿地位。但银行准备金的限度，特别是在

① 例如可以参考吉分有名的对于普法战争费用的计算(《金融论集，第 1 集》，第 1 页起)。然而美国的战争，其耗费甚至更加巨大。

近数年,警告着我们,不能盲从复本位制主义者的论调,对于这类影响给予过大的重视。还是应该这样设想,银行由于处事谨慎或狃于习惯,往往不愿意让它们的利率与市场情况即时地相适应,宁可听任它们继长增高的现金存量呆搁在那里,不滋生任何利息。①

关于近数十年来价格的下跌,兹已提供了适当解释,在向来所提出的种种解释中大都所不能免的矛盾和武断现象,在这里一扫而空。还有一点须注意的是,指数中所表示的变动程度似乎有些夸大。第一,我们在上面所说及的,在各个不同国家和地区之间价格的均等化,可信其仍在演进中(事实上我们已经注意到,绪尔伯克关于英国的指数,倘使之与索特贝尔关于德国的指数处于同尺度时,将表示价格更大的低落)。第二,也是最重要的,生活费用的构成部分,如个人劳务、房屋租金等,其降低的程度远不及实际商品价格的下跌。关于这方面应注意到的是旅行费用和都市车费,这在今天对于许多人是不可少的,而在以前则重要性要差得多。

当然,应该认识到,这一些考虑,论证的只能是我们的理论与事实之间大致的协调。要作进一步仔细的论证是有意味的,同时也是困难的。我感到自己还不能担任这个工作。所以理论暂时不能不认为只是一个假设,要确定其完全正确,还须有待进一步乞助于事实经验。

倘使经最后证明理论果属正确,则其效果是极度重要的。银行和信用机构的行动,对价格所发生的,向来只是一种非自觉性的

① 参阅沙林:《普鲁士年鉴》,1895年,结论。

影响，因此其方向有时是有利的，有时是不利的。有了这个理论根据以后，它们就可以在充分自觉的情况下追求其目标，对世界经济将发生无可争辩的利益。我们并不是单纯地在理论上探讨，说明它怎样可能实现的问题，事情不止是这样。我的目的，在于提出成为这些现象的基础的理论原则，这些原则一旦被正确理解以后，可以有把握地委之于那些事业中实践者的经验和识力。这是一个极端重要的问题，而结合到实际应用，应该是每一个理论的目的。因此对这个课题作一些最后的评述，或者不是多余的。

第十二章　关于稳定货币价值的实际建议

上面的讨论若果含有任何真理，则必然要非常深刻地影响到我们对于已有的关于稳定货币价值那些实际建议的看法。让我们从这些建议中最知名的一个所谓复本位制开始，在这个制度下，金与银两者均由法律承认为支付手段，在某种固定比率下按照其价值铸成货币，自由流通。

关于复本位制的讨论已经继续进行了好多年，但是从实际观点看，迄目前止，却没有什么效果。讨论的最后结果，在我看来——同时也越来越为一般所公认——是复本位制论者对于他们的主要论断之一，顺利地提供了理论证明。他们有效的论证说明，通过国际合作，其间不必包括每一个国家，使两种金属维持固定的比率是办得到的（两种金属中较轻便的一种，由于运输时比较便利，可能发生轻微的贴水，而可以兑现的纸币与黄金对比，有时也可能发生贴水——这些姑不计及）。

极端的单本位制论者将否认这一点的可能性。在他们看来，要在金与银之间设定一个固定比率，其事之"不自然与不可想象"，正同要在铜与铁之间、牛肉与谷物之间设定一个固定比率一样。复本位制的极端反对派有取舍不同的两种说法。一种说法所凭借的是金与银所固有的内在价值的概念。无可否认，这个见解在今天已经过时。还有一种说法是认为采用复本位制的方式以后，对贵金属的生产和消费情况将发生非常强烈的影响。他们认为两种金属其中估值偏低的一种(目前为黄金)，生产将近于完全停顿，消费将剧烈增加，不久势必在流通界消失；其估值偏高的一种，则将在相反的情况下，泛滥于流通界。易言之，根据这个观点，即复本位实行以后，迟早总是要转变为单纯的银本位制的。

无可否认，复本位制是要结合到这类趋向的。如果两种金属的法定比率与其在兑换中的实际比率背离得过远，则这类趋向将有如何演变就很难说。整个问题决定于多种因素；如贵金属将来的生产情况，如亚洲民族关于贵金属的贮藏、究将以金代银，还是保持现在习惯作一般的贮藏、在这方面的态度，最后如在关于所谓工业消耗中、决定其相对消耗量的种种原因——关于这类因素的演变，我们都一无所知。以工业方面的用途言，可以说，在这方面不单是贵金属的消耗，同时还含有贮藏的意味，就这一点而论，工业用途那时可能将大部分转向到白银(其价值那时已有了保证)。

法定比率与未铸币金银价值的现有比率，彼此相近得越密切，则世界货币黄金存量减低的恐慌当然也越小，更不必说在短时间内的完全绝迹了。

过去的经验说明，这个比率曾经维持得相当稳定，特别是在本世纪，直到 1873 年白银失去标准价值以及后此的数年为止，由此解除了在这方面的顾虑。贵金属的生产情况，虽曾有几度重大变化，但这样的稳定局面仍然得以维持。

复本位制以及以法律规定任何固定的金银比率，有一个实际有利条件，即世界上有很大部分，还是以白银为货币基础。因此金银间的固定比率，对于世界上比较辽远地区日益增长的商业关系，关于其秩序与安全的保持，可以信其有重大助力。但是如果别的用银国家，也学着印度的榜样，停止以白银自由铸造货币，这个论点就要失去很大部分的力量。

有利于复本位制建议的方面，在我所能说的大致只是这些。至于关涉到转变时的实际困难，已经由单本位制论者作了那样充分的研究，在这方面我们就不必多加注意了。

要恢复至少要突然恢复 $15\frac{1}{2}:1$ 的往时比率，就是说要将未铸成货币的白银对黄金的现在兑换价值提高一倍，像这样的主张是应该加以摒斥的。这样的恢复，不但对用银国家，即对用金国家也将无可避免地引起价格的真正革命。因为应该认识到，今天银价的复原和过去白银的贬值，其意义是完全不同的。过去白银的贬值，好像是当两边水面相平的时候，将水闸关闭；现在将其价值复原则好像是当两边水面不平的时候，开放（或者毋宁说是拆毁）这个水闸。

值得注意的是，像勒克席斯这样有名的货币学家，对于这类因果关系，却似乎没有明确认识。他说①——最奇的是他是在反驳复本位制论者——“很可能的是，银币数量的增加”（由实行复本位制所促成）“在若干年间，其对于价格的影响，将同近年来黄金生产的增加一样的微不足道”。好像新产的白银只消堆积在银行的库里，同向来对付黄金的办法一样就行了。

① “最近货币问题”，《瑟堡氏手册》，第 4 版，第 407 页。

这样的情况，只有当世界上完全没有用银国家(就其狭义言)时才会发生。假使在欧洲市场，一公斤白银的价值骤然提高一倍，显然将使用银国家对欧洲产品的需求猛烈增进。白银向东方的流动将完全停止，或者情势将相反。平衡的局面将不能恢复，直要等到欧洲的价格上涨，或用银国家的价格下跌，或者可能性更大的是两者同时并进——到这样的程度，使在欧洲以金计的价格比在用银国家以银计的价格提高一倍。①

那时用银国家的价格，由于其货币及信用制度还处于未发展情况而比较稳定，这也是可能的。假若情况是这样，则价格的相对变动，势将由欧洲首当其冲，在欧洲的价格将有极大提高。这对整个欧洲来说，并没有好处；相反地，我们的有价值的产品流出以后，所换到的只是一堆无用的白银。当此转变时期(也只是这个时期)，某类的生产者将获得巨大利润，以货币计的一切债务，其真正负担将由此减轻。这一变动，特别对于"农业方面的债务人"有极大利益(勒克席斯对于这一点曾发生疑问，在我看来，他是错误的)，而他们的大大小小的债权人则将蒙受相应的损失。

由此可见，再回到所谓复本位平价(bimetallic parity)时，将促使用金国家的价格上涨。我们不可轻下结论，将停止自由铸造银币断定为近年价格下跌的原因。必须采取略为不同的观点。假使两种金属的连锁关系有所更张，则用金国家以金计的价格水平与用银国家以银计的价格水平两方的对比，将大致回到七十年代初时所存在的情况。按从那时起，以金计的价格低落，以银计的价格上涨，更张以后，两者的价格水平也可能恢复到大致相近于以前的绝对水平。但自从两种金属的连锁被切断以后，实际发生的价格变动，主要系决定于同样影响到两套价格的那些独立因素。这些因素关系到用金国家的，其性质上面已说到。以前并已着重指出，金银比率的变动，必须认为，

① 假若对于一方以金计一方以银计的价格，均以 100 开始，则它们之间的价格，随后将转变为 150∶75 或 133 $\frac{1}{3}$∶66 $\frac{2}{3}$等等——总之其比率将是 2∶1。

至少部分地，是这类价格变动的结果，而不是其原因。

假使法定的比率与实际流行的比率十分接近，则当然不致引起过甚的不安。但几乎一定要发生的是银币将被熔化，而现在流通的银币，其体积将增大。费用是极大的，但所得的利益，除上面所说的以外，却并不很大。

待这一变革完成了，以后又怎样呢？到那时是不是我们已经达成了理想的货币制度，复本位制的支持者们所预期的稳定局面，是不是当真能实现呢？这样的观点，从自由铸造银币的假设出发，确是难以拥护的——虽然，为了与用银国家维持良好关系，银币的自由铸造那时却是必要的。有人这样说，如采用两种商品作价值尺度，则两者相结合时的价值，比两者中任一的各个价值，必然更为稳定。这个说法也许是对的。但当问题只是由第一转变到第二时，援用“大数法”来处理是不适当的。很容易发生的情况是，复本位标准的价格，将没有黄金标准的价格那样稳定。我们假定——这里所假定的情况，毕竟并不是不可想象的——价格已经下跌到最低度，而黄金仍在继续生产，银行准备过剩，势必倾向于压低货币利率，从而迫使价格上涨。但是在最近的将来，价格相当稳定的局面还是可望其实现的，因为有些国家如奥国、俄国[①]最后还有印度，可能转向到金币的铸造。但是在这样的情况下倡行复本位制，即使金银比率规定得比较折衷，也将使价格不断地甚至可能很激烈地上涨，与此相结合的种种弊端也将随之而至。

至于马夏尔、艾治卫司以及还有些人所倡议的合成标准，或

① 俄国的过渡到金本位，现在(1898年。——原译者)当然已经完成。

"合本位制"(symmetalism),上面主要的论点也可适用。在这个制度下,一个国家或整个世界的铸币,其所含金属,将以在一定比例下的金与银混合组成。这个制度甚至不能具有避免与用银国家间汇兑率发生波动的优点。

华尔拉斯提出一个办法,[①]他所提议的,实在完全不是复本位制,在理论上比较站得住脚。他主张以黄金为标准,停止自由铸造银币;但以白银为货币的调节者,货币白银存量的大小,按照情况斟酌处理,目的在于与商品对照的货币价格,使之达到尽可能高度的稳定。不幸的是,就我所知,华尔拉斯对于他的建议从未作出详细说明,但是,除非我有所误解,他建议的实质不过是:当价格下跌时,银行应买进白银(按照市价),以银行券作交换;价格上涨时则卖出白银。至于这项白银是否用以铸造货币,好像没有什么重大关系。重要的一点是在于流通工具总量的变化,而这个变化是由发行或收回纸币以交换白银的结果所形成的。

在我看来,这样一个计划,如果由相当多数的用银国家充分有力地付诸实行,则成功的可能性很大,但在实行时必须假定,那些用银国家对于黄金不采取相类行动。不过在这方面个别的尝试也不会有多大成效的。布兰德和休门议案(Bland and Sherman Bills)的历史经验告诉我们,即使在美国这么大的一个国家,单独行动总不会有多大成就的。

勒克席斯认为"华尔拉斯调节价格的计划……是行不通的"[②],这样说我

① 《货币理论》,第 75 页起。

② 《国民经济与统计年鉴》,第 51 卷,1888 年,第 74 页。

看是太过分了。勒克席斯的反对,基于这样的见解:“货币量的增减对价格的影响是不能用演绎法来决定的,在量、在方向两者的方面,这个影响都会有很大变化。”上述影响,在量的方面,虽然各方面意见可能有所不同,但在方向上有什么足以发生疑问之处,却难以索解。勒克席斯认为近年来堆积在银行库里的黄金对价格并没有影响,但他对于这一论断,[①]未能加以证实。假使这项黄金的积累,未曾迫使银行降低其贴现率,则市场利率究曾有多高,究曾压低价格到什么程度,这些就无从说起了。

由银行或政府依照华尔拉斯的计划收买白银时,将发生两个效果。其一是用以发放贷款的现有货币工具量将增加,因此使利率降低;其二是将使银价上涨,从而提高用银国家对商品的需求。两者的结果都说明将倾向于促使欧洲的价格上升。反之,如出售白银,当然将发生相反结果。但是这时就必须假定用银国家始终是抱着完全被动态度的,特别是当在欧洲黄金价贱时,必须假定并不因此使其流向东方。这些都是很鲁莽的假定,这就形成了不但华尔拉斯计划而且复本位制本身的弱点。

罗伯特生(J. Barr Robertson)向金银委员会提出了一个计划,[②]与华尔拉斯的计划很相似而比较深入,虽然也是有些不够完整的。罗伯特生认为不论在现在的货币制度下,或在实行单纯的复本位制以后,就世界所存金与银的总量来说,要凭以维持将来的价格水平是不够用的。这个见解对1887年或者比对今天的情况来说要恰当些。

---

① 《瑟堡氏手册》,前引著作。

② 《第二次报告》,第24页起。

根据罗伯特生的估计(其资料的来源未详),在用金国家里,通货(金、银及纸)的总额约计为九亿英镑,在用银国家约为四亿五千万镑(白银价值按原来对金比率 $15\frac{1}{2}$ ∶1 计算)。据《伦敦经济学界》所载的指数,那时(1887年)英国物价低落,与1875年比较为100∶69,在印度则为100:91(与其时金银的比率对照,大体相符合)。罗伯特生认为按 $15\frac{1}{2}$ ∶1 的比率实行复本位制以后,用金国家的货币存量将增至98725万镑,而在用银国家将降至36275万镑。两方面的总指数将为 $75\frac{2}{3}$。当时的金银比率为21∶1,实行复本位制以这个比率为基础时将发生何种结果,罗伯特生曾作了计算。他认为那时银币的体积将增大,结果货币总存量的公称价值将锐减。在用金国家,通货总值将减至85,600万镑,用银国家将减至42,800万镑。两方的指数将分别保持在 $65\frac{1}{2}$ 及 $86\frac{1}{2}$,于是两方的价格水平都降低了。

这些计算当然只能在极广泛的意义下接受。今天,印度的价格已明确地上涨,这些计算已完全不能适用。

罗伯特生建议,除了对金与银之间采用固定的比率外,所有国家都应增加一定数量的不兑现纸币,使其通货总量扩大。增加的程度,由各国不断的协商处理,目的在于稳定一般价格水平。这些不兑现纸币不供作国际支付手段,国际支付的任务,仍由贵金属、金与银来完成。

我并不完全了解这个计划。如果纸币是不兑现的话,那么怎样有把握能够始终按平价备有黄金或白银供作国际支付呢?按照罗伯特生自己的见解,那是悲观得过分的,金产量甚至还不足适应工业的消耗。结果价格水平如果保持不变,则黄金或金属对不兑现纸币终将发生贴水，价格水平如有所提高，则贴水的现象将更甚。

罗伯特生对于金产不敷应用的恐慌当然是过分的。索特贝尔的统计说明，即使在那个时候，黄金的消耗也没有超过年产量的三分之二。即使这个数字也可能还是过高的。勒克席斯认为[①]目前工业消耗不超过黄金生产的四分之一，诚然，在他所说的那个时候，黄金生产是大大有所增加的。

但是贵金属在工业方面的需要永久超过其生产，这一情况的可能性是必须承认的。如果发生了这样情况，除非将世界的整个货币和经济情势委之于黄金产销的自然变化，否则势必需要采用不兑现纸币。到那个时候，势必要想出办法，使纸币可以供作国际支付的手段；那个时候的价值标准将是纸而不是金属了。

赫芝克斯(Hertzkas)所提出的建议[②]则又推进了一步。按照这个建议，金铸货币仍然保留，但为避免黄金的运送，由各国共同推行一种“黄金证券”(gold certificates)作为法定货币，至于黄金本身则集中保管。这一建议是否可以实行，我看似乎主要在于以这种证券提交各国中央银行，请其以其本国的通货、黄金或纸币按平价赎回时，它们对于这种义务，是否愿意保证承担。但是如果这种自愿的表示可以获得、可以信赖的话，那么我认为可以改用简单而且有效得多的方法，同样达到这个目的。只须由各国中央银行同意接受彼此之间为了取赎或支付而发出的票据，不索取任何贴

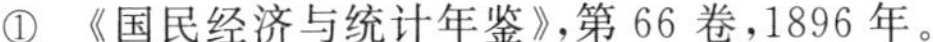

① 《国民经济与统计年鉴》，第 66 卷，1896 年。

② 同上书，第 65 卷，1895 年。

水，问题就解决了，像斯堪的纳维亚各国（丹麦、挪威和瑞典）的银行，就已经这样实行。外国的票据，可以在这些银行间通过国际清算，随时进行交换，一切未了的差额可以用黄金偿付，也可以通过接受存款、交换有价证券等等的布置来清偿。

斯堪的纳维亚各国的中央银行自1885年起（又一次自1888年起）曾成立协定，数额在10000克朗（550英镑）以上者，相互移转时，不索取任何利息或费用。任何余额需要以黄金汇付时，各银行应负责照办，但不得为自己的利益行使这个权利。各银行可以利用由此发生的权益，实际上也就是它们把对外的整个净余的权益，作为其纸币发行的根据。它们的黄金存量，这样就在相当程度上构成了一个单纯的准备，它们彼此之间实际上所运送的黄金，只是限于一个极有限的范围。

当银行在平衡国际支付差额中所占地位日趋重要时，这样的布置是一个极自然的、合理的结果。即使在今天还有某些国家，虽然它们用黄金铸币，并且严格地执行着其纸币的兑现，但实际运送黄金到国外的情况也是很少发生的。这些国家的银行在国际商业活动中，宁可交付票据，必要时宁可照付利息。我们已经注意到，瑞典就是这样的一个例子，虽然即使在其国内贸易中也从未使用黄金，所发行的包括着小额纸币（最低到5克朗），其私营发行银行的黄金存量多年来仍原封未动，虽然其银行同德国国家银行一样，对于所发行纸币负有兑换黄金的义务，但对外运送黄金的情况却很少见。

关于以上稳定货币价值、或提高价格、或阻止其继续下跌的种种建议，有一个概括的评述，对各建议都适用。依照我们的研究路线说明，这些建议要能够达到其目的，只是在于对货币利率发生间接影响，使之比原来更加迅速地与自然率趋于一致，或降至自然率以下。

关于用金国家与用银国家两者的价格相均平的可能性这一点，在实质上所提供的，无非是对上述这一普遍原则的说明。由于银行提高的结果用银国家对欧洲产品的需求提高时，欧洲的企业家将由此获得超额利润。一方由于用银国家生产成本提高、产品供量减少的结果，使进口商的利润减低，但这一点并没有重大影响，因为进口商对于这类商品（生产、运输等）的供应，所占的地位比较不重要。

（企业家的利益是一回事，经济制度的利益是另一回事，两者不能相提并论，这是不言而喻的。就这里所说的情况而言，社会势必要受到纯粹的损失。）

假定——虽然，这好像是不大可能的——在华尔拉斯的计划下，发出纸币，换回白银（或扩大银币的发行），但所产生的结果，只是一个相等数量的黄金或纸币存入了银行，并没有发生使银行降低利率的任何刺激作用。显然，在这样情况下，这个政策将完全无效（除了对银价的影响以及因此发生的反应以外）。

于是发生了这样的问题：是否可以用简单得多、代价要低得多也安全得多的方法，来达到所悬的目的；是否可以由各国的金融机构相互协商，由它们自己共同直接担任其利率变更事宜？为达到所悬目的，这样的措施是必要的，也是唯一有效的。按照我们的理论，整个目的，无非是在于如何使平均货币率与自然率趋于一致这一点上。

依照华尔拉斯的制度，白银不作为价值标准，也不作为国际支付手段；即使价格上涨，为此在交易中需要的白银，所增加的也极有限。那么又何必还要带累银行保存着这些无用的白银呢？为什么不让它们凭政府债券、公司债券或者汇票来发行纸币（或发放贷款）呢？换个说法，为什么不采取直接办法来降低银行的利率呢?

这并不是说要银行在实际上先行确定了自然率,然后规定它们自己的利率。这当然是事实上办不到的,也是完全不必要的。因为两个利率究竟是相一致还是相背离,当前的商品价格水平就提供了可靠的测验标准。处置的程序简单地说应该是这样:只要价格没有变动,银行的利率也不变动。如果价格上涨,利率即应提高;如果价格下跌,利率即应降低;以后利率即保持在新的水平上,除非价格发生了进一步变动,要求利率向这一方或那一方作进一步的变动。

利率这样的变动开始得越快,一般价格水平作巨大波动的可能性就越小;必要的利率变动,其幅度越小,次数也越少。如果价格保持得相当稳定,则利率只须同自然率所不可避免的涨落取同一步调。

我认为价格所以不能安定,其主要原因就是在于银行未能遵守这一规律。

近来又流行了一种荒谬论调,可憾的是像勒克席斯这样一个人,在其近来的研究中(载《瑟堡氏手册》),却有这样的说法:他说,“货币(银行里的)就放在那里,任何人可以在所能获得的最优惠条件下自由使用。”作为此说的佐证,他告诉我们,例如“法兰西银行,终于放弃了其正式利率不得低于$2\frac{1}{2}$%的原则”(实在应该说是习惯),“为了求适应起见,将利率降低到 2%。”[①]

① 《瑟堡氏手册》,第 4 版,第 406 页。

但2%的利率，并不含有“所能获得的最优惠条件”的意义。只有借主对于所借得的资本可以赚取2%以上的利润时，这个条件方才是优惠的；假使对于这项资本，除了成本和风险，余下的利润只是$1\frac{7}{8}$%、$1\frac{3}{4}$%或$1\frac{1}{2}$%时，则这个条件可以说是对他极不优惠，甚至是一个灾害。

或有加以反驳的，说如将利率再进一步降低，对银行就不会有利，这个说法其本身可能是十分正确的。利率降低以后，在银行方面，其利润差额的缩减，或将超过其业务范围多份将由此扩大的程度。那么我要平心静气地请求注意到一个事实，银行的首要任务并不是在于赚取很多钱财，而是在于为公众提供一个流通的媒介——在于以适当的方式提供这个媒介，目的是价格稳定。无论如何，银行对社会的责任比其对私责任不知要重要多少倍，如果循着私营的方向，它们终于不能尽其对社会的责任时——这一点在我是怀疑很深的——那么它就应该有以自处，为国家作出有价值的活动了。

现在的疑问是，要在全世界（或在各金本位国家）的银行间实行合作政策，这一点是否在可能范围以内。任何一个国家的银行，尤其是中央银行，在订定其贴现率时，它们自己不能不在国外贸易、支付差额和汇兑率情况的指导下进行。除此以外，它们又怎么能听任其利率受到别的方面的指导呢？即使各国中央银行同意按平价接受彼此的票据，这个困难依然存在。当兑付余额发生逆差情况时，首先将感到的倒不是贵金属的外流，而是国内银行在国际清算中的差额变得越来越被动。这项差额最后势必以黄金移转的方式来清算，或者转变为照计欠息的某种债务形式。有关的这个国家，其一家或若干家银行，将受到直接压力，不得不提高其贴现率。因此在任何情况下，关于银行利率政策，它们必须保留自由行动之权，作为最后的（如果不是一贯的）凭借。

这是一个严重困难，当决定我们政策实行的方法时，为了避免对其实践的可能性构成任何理论上的反对理由，这个困难必须应付。

时常看到的是，由于支付余额高度的偏于一面，或由于两个或两个以上国家彼此之间价格水平的差距很大，因此引起的困难，不但可以由处境"不利"的国家，而且可以由处境"有利"的一个或若干国家，想出办法，加以克服。假定资金正由国家A流向国家B。这种流动，不但可以由国家A提高利率，而且可以由国家B降低利率，当然也可以由两方同时行动，使之停止或逆转。关键只是在于两个利率之间的差异。如果两个国家都按同一个方向，在大致相等的程度上改变其利率，则对于它们相互间的贸易关系将没有影响。易言之，国际价格同一般的价格一样，它们具有"双重的自由"，它们可以彼此背道而驰，也可以联合行动。首先是关于各自规定的相对利率，其目的在于维持汇兑率、支付差额以及相对价格水平，这当然必须由各个国家或各类的国家在对立的方向下进行。还有更加重要的是，在必要的时候，能够并应该成立共同规定的利率，处处在同一个方向下进行，目的在于使平均价格水平维持于不变的高度。

属于同一国家的银行，于规定利率时彼此合作进行，这当然已成为日常的处理事件。至于不同国家的银行之间的合作，一等到

弄清楚了它们所悬的目的是什么，至少在和平时期，是可以很容易地实现的。一个合作的计划，能为多数国家所接受，并相当忠实地遵行，这就够了；这时任何个别国家，除非为了迫不得已的原因，倘使与规定的利率相背离，这只能造成其自身的不利。

还有需要解释的是，关于平均价格水平及其波动，如何提供一个适当尺度的问题。这是一个困难的问题，但在今天不能认为是无法解决的。就其性质言，显然，最好的办法是把它托付给仿佛米突制委员会那样方式的一个国际委员会。这个团体一旦发现世界价格水平与正常水平（这个水平在决定时当然是十分主观的）相背离时，各银行就有责任共同努力从事恢复平衡。这个意见听起来也许很奇特，甚至可笑（使人要回想到拉飘塔［Laputa］的天文学会），但它却体现着一切货币研究团体审慎考虑的计划——无论如何，迄目前止还全无效果——的合理发展。

就银行现有的黄金存量言——于发行小面额（虽然不必过小）纸币后，其存量还可以大大增强——对于现在的价格水平，在相当时期内，是完全有力量支持的。这是毫无疑问的。担心的倒是，如果黄金按照目前或更大的规模生产，则金融机构最后或者将不得不降低其利率到这样的程度，以致价格将无可避免地上涨。在我看来（其理由上面已经提到），这样一个可能万一发生的情况，同价格的进一步低落是同样地要不得的。如果不使银行受到太显明的损失（由于对于照计利息的存款未能加以利用），这样的价格上涨也还是有可能避免的，其方法是只须**停止金币的自由铸造**。这将标志着趋向于实现理想的价值标准的第一步。近年来关于货币的讨论，使我们对于这样的国际纸本位制已越来越熟悉。向来大都认为这是对于黄金渐渐感到缺乏时的一种应付办法，但在我看来，当黄金过剩时，这个办法也同样可以应用，而且是必然要降临的结果。

无论如何，经进一步深入考虑以后，对于这样一个远景是不必引起顾虑的。相反地，这个办法一旦实行，到那时使人听起来像神话那样的，恐怕倒是现在的制度——在这个制度下，只看见人们将一箱一箱的黄金无意义、无目的地搬来搬去，把成堆的财宝从地下掘出来，然后又把它埋藏到隐秘的地方去。我们所倡议的这个计划，至少在理论上，并没有什么困难之处。既不必设立什么中央办事处所，也无须发行国际纸币。[①] 各个国家仍可保留其自己的纸币（以及找付用的零钱）制度。这些通货在每一个中央银行都可按平价兑换，但只许在其本国流通。这样，每一个信用机构的单纯任务就是规定其利率，规定的利率与其他国家既是相对的，也是一致的，从而既维持了国际支付差额的平衡，也稳定了世界价格的一般水平。总之，银行利率的主要目的在于调节价格，使价格不再受黄金产销或铸币流通需求的任意支配。价格的变动完全自由，只是在银行审慎计划的指导之下。

我们要建立一个稳定的价值尺度，使价格维持在不变的平均水平，这个企图的实现是否有可能，李嘉图曾表示怀疑，但在今天

① 为了方便起见，采用一种统一的价值单位是适宜的，或者至少可以将现行的各种单位加以改进（如拉甫雷[Laveley]所建议的那样），以简化其算术上的关系。

已为许多卓越的经济学者所肯定。我们自己研究的结果说明，这样一个目的是不但在理论上，而且在实际上可以达到的。政治家和学者们应该尽最大的努力促其实现。在我们的时代里，只是由于事机不很迫切，却把最重要的经济因素，纯粹听任机会支配，这是与我们的时代不相称的。

但是我们不可以为价格稳定就可以克服经济萧条，这种经济萧条现象，二十多年以来，一直为社会中某些阶级怨恨的根源；经济的进步，也不会由此恢复到我们所熟悉的、自本世纪中叶以来的那样快的步调。经济萧条必须认为是价格下跌的原因，而不是其结果。它同通行的俗语"经济萧条"自有其独特的关系。在地球的我们这个部分，劳动和土地的生产力，可以十分肯定地说没有减退。工资没有下降；与最主要消费品的价格相对照，无疑的实际上平均还有所提高。即使租金，也肯定有所提高；除了农业方面，由于世界各地谷类生产的竞争而受到些挫折（在西欧）外，其他各种租金，包括城市地租的上涨和扩张简直是可惊的。全国和地方预算的增长，足为福利增进的铁证。低落的是流动资本的利率，通常称作企业家的利润，也就是当繁荣时期企业家在所得劳务报酬以外的**超额**利润。

我们已经认识到这个现象的主要原因。新的流动资本形成以后转化为固定资本时，在其进程中利润大大减低，而资本量的增加，则部分地足以提高工资和租金。

诚然，从整个人口和生产额的纯粹量的观点来看，近数十年来的进步似乎没有世纪初期那样的迅速。但是假若认为早年的情况会再来，而陶醉在这样的希望里，那就不但时机过早，而且实在是

可笑的。所以会有这样的希望，不是由于别的，只是由于人类见识的短浅。

作为本世纪特征的经济发展，特别是在比较古旧的欧洲国家，在发展速度这一点上，应该认为绝不是正规现象。这是通常规律的特别的、罕见的例外。无知识的民众或者没有这样的理解，而许多有教化的人们或者不愿意有这样的理解。但是经济学者应该破除流行的偏见，应该尽其力之所及，同这样的偏见作斗争。由于他所研究的学科的性质，他对于这些问题应该能够比别人看得更清楚，因此也就负有比任何别人更大的责任，将有关这些问题的真相告诉给大家。

质的意义的进步、经济福利的增长，是可能或至少可想象其能达到几乎无限制程度的；但只是在这样的假设下，那就是量的意义的进步，人口的扩张，是受到极严格限制的。对于人口与生产额，即使作缓和的增长的假设，则此种假设，分析到最后，也是要引向反证法(reductio ad absurdum)的。这是很明白的，按照熟习的几何级数、一个不变的率的增长，这种说法在许多方面是不合理的；在质和量的方面，同时作无止境的甚至加速度的进展，这种意见也只能认为是荒谬的。有些人希望从货币的处理中出现奇迹。这里要提醒他们一个公认的事实，钱币是不会生儿育女的，即使会的话，贵金属和银行券是寒不可以为衣、饥不可以为食的。

把这类不健康的幻想搁开，则遵循着合理途径的货币改革，肯定的依然是经济问题中最重要问题之一。改革的实现有赖于国际合作，有赖于在性质上既巩固而又彻底的合作——依我看来，这就是改革的切实建议。向着经济的、或科学的国际团结前进的每一个新的步骤，我都热烈欢迎，因为对于我们最大幸福的维系和加强，由此又增加了一重保障，一切物质的和非物质的其他幸福，其顺利实现最后所依赖的就是这个最大的幸福，这就是——世界和平。

附录　斯堪的纳维亚国家的货币问题[①]

一

不久以前，大卫逊教授请我就近来丹麦和挪威汇兑率有所提高的问题写一点东西。恐怕我是答应得太轻率了些；因为从价格在战时上涨、战后下跌整个问题出发时，看到关于这方面由一般，特别是此间瑞典经济学者所提供的、他们所一致深信的一些解释，是那样地不完整、无效果，我随即陷入在深度不安中。我又想到那些实践的事务家，他们的论断虽然有时显然是错误的、不合理的，但不知能不能通过他们，使我们对这类现象已有的了解有所增进。结果是在这篇文章里关于问题的这个方面占篇幅特多，这是我不得不告罪的。

争论的主要问题，一方面是商品缺乏与价格上涨之间的关系，另一方面是商品不再缺乏与跟着发生价格下跌之间的关系。当战争时期商品缺乏，这是无可否认的。这在交战国家，系由于产业工人有一大部分被召从军或从事于军需品的生产。当战事初期，普

① 载《国民经济杂志》，1925 年。

通商品的不足，部分可以靠存货来弥补，如德国所积存的就特别多，或者以进口品代替，如协约国的情形就是这样。但当战事持久、范围扩大以后，这种来源即不足应付。在中立国家，则商品缺乏的原因比较间接，部分系由于进口有障碍，部分系由于对交战国出口的数额过大。虽然如此，中立国商品缺乏的情况也非常显著，这是人所共知的。至于战事结束以后，这种商品缺乏现象一般是用什么方法、在什么步骤下先趋于缓和然后消除的，对这个问题要加以确定就困难得多(下面将谈到)。但有一点是肯定的，大多数国家商品缺乏的程度，战后比战时有了轻减，或者还不止于此。

商人认为，至少就那些国家、其汇兑在战时没有完全崩溃者而言，价格所以上涨，商品缺乏即不是唯一的也是一个主要的原因；同样地，他们认为商品供量的增加，也就是战后价格显著下跌的原因。至于流通媒介的膨胀以及随后的收缩，照他们说起来，只是已经发生的价格上涨和下跌的结果，甚至是几乎无可避免的结果。另一方面，理论家则企图证明，商品的缺乏，其本身充其量只能使价格作比例的上涨，而在多数情况下，上涨程度是远远超出比例的。这些理论家会指出，如果货币流通总量跟着商品供量的减退同时缩减，价格就不会上涨；如果货币数量保持不变，则价格就不会超过比例地上涨，其受影响最小的国家，所涨的将不过是 10% 到 20%。但价格的实际上涨一般却达到百分之数百。所以主要原因还应在货币的范畴中——发行银行方面贷款政策过于宽大，特别是对待政府需求时过于软弱——去找。即使是这类方式采用得最少的国家，即英国，其政府也把纸币的发行抓在自己手里。

关于上述两方面的论证，在卡赛尔教授的《1914 年以后的货

币与外汇》(1922 年 3 月)里,也许可以找到最充分的陈述。我很冒昧地引录一节如次:[①]

> 每逢提出这个意见(关于价格上涨的推动力,也就是所谓通货膨胀),中央银行方面照例的答复是它们无法制止需求。当商品缺乏的情况渐趋严重时,公众即尽力集中于生活方面的要求,价格虽然上涨,还是要买进。一般认为公众就其现有收入对货物的购买是无止境的,他们可以尽量向银行提取存款,由此获得其所需的购买力,在不论任何高价下为自己充实装备。这样的推论是有些迷惑作用的,[②]应该作一些说明,指出其真正的错误所在。公众在银行里的存款大都是贷放给工商业的。如果公众在其存款中提取了任何部分,以取得额外购买力,则势必有一个相应的数目从工商业中抽出。结果企业也就是工人的购买力将减低,因此可以由社会支配的总的购买力并没有增加。只有当公众要求提取存款,银行以其所创造的新的银行通货偿付,因此对于工业对存款的正当需要、通过贷款授予的,并不减少时,情形方才是这样。但是由此我们却陷入了通货膨胀的通常程序,结果价格上涨就难以避免了。

卡赛尔教授的论点以及他所反对的论点,其弱点在我看似乎在于对购买力这个名词缺乏清楚的概念。这里所涉及的问题只是货币购买力。因此有理由可以说,货物与劳务两者的市价普遍提高时,其本身就创造了为应付较高价格所需的购买力。假使价格

① 英文版,第 55 页。

② “迷惑作用”据瑞典版译出,英文版这里写作“是完全不可信的”。——原译者。

的上涨是绝对一致的，那么每个人，不论他所出售的是货物还是劳务，他所获得的购买力，刚巧就是他以买主身份所需要的那个数量。假若价格上涨时不是那么一致（在战时价格上涨与一致的情况是相差很远的），则出售货物与劳务时，有些人自然要多获得些，有些人要少些；但购买力的总额依然是足够的，并无需银行加以补充。这个货币购买力，不论怎样地大，要用以取得每个人所希望消费的货物数量，那当然是不够的；因为假使是那样的话，把每个人所获得的相加起来，将超过市场上实际所有的数量，那岂不是笑话。但正是由于“缺乏”，引起了价格上涨；而由此所创造的货币购买力用以支付实际所需的现有货物与劳务是足够的。

这时所需的是流通媒介数额的增加。如果一切支付都用支票，那么这种增加当然会完全自动地实现。银行账户相互间一切支票的收付，其数额将随着价格的上涨而不断扩大。但在开始时，这些账户不论其平均数额或其总额将不会有所增加。经过相当时间，账户数额与扩大的货币支付数额相对照时，将显得过小而感到不便，结果将需要不断地向扩大数额方面调整。分析到最后，这就是银行信用扩大的先声。然而价格既在上涨，银行的存款和放款总是要或多或少自动地膨胀的。

如果使用的还有别的流通工具，如纸币（与硬币），那么价格普遍上涨以后，发行银行将增发纸币（与硬币）。如果银行断然拒绝扩大其通货，无疑地这将使流通媒介陷于困窘的不足状态，结果价格的上涨将感到困难，或者竟由此截止。但是要希望银行能确实阻止价格上涨，或迫使价格回到原有水平，恐怕是不大可能的。因为首先是可以仰仗支票，支票的支付，可以扩大到任何所希望的程度——如美国1907年恐慌时所发生的；其次，如果私营银行也拒绝扩张信用，则纸币与支票流通速度的增加，可以与数量的不足大致相抵。根据波基维区(Bortkiewitch)在《社会政治学协会纪录》，1924年的陈述，在德国，如果我没有记错的话，其价格最后上涨到其纸币流通增加的37倍。诚然，这个情况是特别反常的，但即使在相当安定的情况下，要使价格上涨到两倍或三倍于正常流通速度，是应该不会有什么难以克服的困难的。

当然，数量论是完全以货币流通速度在任何指定时间大致不变的论点为根据的，而这个论点又以我们在支付习惯上的假设的保守思想为根据。这样的保守思想的存在诚然不能否认，但我们在消费方面根深蒂固的习惯，其性质还要更加保守得多，如果两者发生抵触时，纵使(或者正是由于)我们习惯上的需要不再能满足，这两者之中哪一个占上风，应该是相当明显的。

这时仅仅提高利率，使贷款的获致比较困难，要想用这样的方法来阻止价格上涨，看来显然是无效的。利率的提高，对一切生产者方面说，要从而限制其对贷款的需求，的确是一个相当有效的方法，但是对于那些为了交换面额扩大，只是希望加强其现款布置的人，这个方法就难望其收到相类效果。

这是很清楚的，在以货物缺乏作为价格上涨主要原因的这个前提下，问题的表现，与以货币理论作为根据的将完全不同。[①] 在

---

① 有一种现象，大凡经济学者都熟悉的，但往往被忽视——任何一种商品，例如谷物，当感到缺乏时，可能引起这一商品在比例以上的上涨。在这样情况下，大都认为其他商品的货币价格是在相应的程度上下跌的，但就我所知，实际上没有遇见过这样的例子。

正常情况下，当生产与消费在几乎不变的比例下进行时，真正能促使价格上涨的(除了由于黄金生产非常的增加以外)，只是在于银行方面过于宽大的信用政策，使投机者有可能增加其货币购买力，所增进的程度不再与由于自动储蓄方面同时所增进的相适应。在这样情况下，补救办法显然在于紧缩信用，比如可以用提高存放款利率来促其实现。这样可以降低对信用的需求，同时也许可以鼓励储蓄。但在这里所谈的情况下，并不是一个增加购买力的问题(因为我们已经看到，购买力的增加是由价格的上涨自动提供的)。这里也是这样，支付工具的比较紧缩，在价格上涨时可以使完成支付多少感到有些困难，但是只要购买力存在着，这样的方法终不能完全阻止支付。

假定在一个每年一度的市集中，邻近居民前来交换产品。这时忽有谣传，货物的供应将不足，这无疑地将引起对货物需求的增进，价格将普遍上涨。这样的情况发生时，当然不必认为市场中法定通货量即将由此扩大，不过在市集的最后一天，当一切交易最后结束时，债权和债务的清算，其规模将比通常扩大，同时现有货币的流通将比通常为迅速，然而带到这个市场里来的货币大致与预期的交易量相称合，这个事实并不因此有所变更。

这当然是确实的(在一定程度上这也似乎加强了卡赛尔教授的论点)，当货币市场与资本市场的关系密切时，在银行方面对限制支付工具量所采取的每一个步骤，对生产者的信用需求有很大的抑制影响(同时还鼓励储蓄)，其显明的结果是价格将在那个限度上趋向下跌。但用这样的方法所招致的影响，对于它的力量不应加以夸大。这是一定的，这类抑制信用需求的方法，如望其能发生任何效果,必须在价格上涨刚刚开始时着手。一旦价格上涨已经开始,这些因素望其能发生作用就太迟了。当生产者对价格累进的上涨,胸中已有成算,对于未来的上涨率,已经在那里按着每月百分之几作打算时,银行方面按着每年百分之几提高利率,希望由此抑制其信用需求,这还有什么重要意义呢?

另一方面,当战争时期银行业者未能提高利率,它们对于这一措施所举示的理由是完全不合理的。它们的理由首先是,提高利率并不能阻止价格上涨;其次是利率过高将有害于"合法企业"。显然这里所举的两点互相矛盾。利率提高,既然完全不能阻止价格上涨,则同样地,它也就不能有害于合法的或不合法的企业,充其量不过使这些企业正在赚取的巨大利润略为减少而已。

或者要提出疑问,姑认为以上所述是对的(我要着重说明,上述的是否正确,我个人不能保证,不过是根据实践的事务家的意见,作为一个假设),那么除了恢复生产与消费正常情况以外,究竟要怎样才有可能实现价格的稳定呢?这个问题是不容易答复的。如果新的贷放完全被抑止,那么价格水平与现有流通媒介之间的紧张愈趋愈甚,终将完全消除价格上涨的倾向,价格将自然趋于稳定。另一方面,如果银行供给资本,即使利率较高,然而至少在理论上说价格可能继续上涨,因为非等到货物的供求相平衡,价格的上涨是不会停止的,而当消费方面一般要维持在一个实质上无法适应的程度时,这种平衡是绝不会实现的。但是消费方面这种超过实际可能的企图,最后终须停止。当货物供应的不足已成定局时,人们终将安于这种无法避免的状态,终将放弃维持已经习惯的正常生活标准的企图。这样,需求与供给将在一个较低的水准上再度获得一致，由此将不致促使价格进一步上涨。但是如果货物的缺乏延展到生活必需品时，在自由竞争条件下，这种消费习惯的转变就不会实现，除非使较贫困的阶级受到很大痛苦，至于处境较优的阶级虽然供应不足，他们当然还是可以设法满足需要的。因此我认为定量配给是一个好办法，这个办法应该扩充到较大范围，比如燃料，这时也应包括在内（这对于住屋的配给将间接发生影响，这样或将使关于节制房屋租赁的法令成为是多余的）。但是任何人当战时曾经试图谋取——有时或者是非法的——额外的一磅牛油或咖啡，或一袋马铃薯的，将体验到要安于这种无法避免的状态的困难。事实上直到休战，价格并没有停止上涨，即使在休战时，上涨也没有完全停止。

二

由于习惯的势力，我所写的好像主要是在研究瑞典的情况。但是上面的叙述如果正确的话，主要是关涉到交战国家的情况的，价格的上涨，无论如何，必须认为是从那里开始的。我已指出，正是这些国家的政府，为了战争目的对货物与劳务的巨大需要，直接造成平民用品生产时所需原料与劳动的缺乏，而这一点，根据我们的假定，其本身就是价格普遍上涨的原因。[①] 各国政府，它们本身

① 为使事体简化起见，可作这样的假设：人口每个成员，能够在前线服务或在国内工作的，须在膳食自理的情况下，于每年抽出若干星期服兵役，并在不取报酬的情况下，在军需厂中工作；这样就使普通货物生产方面所需劳动力（在若干程度上所需资本）的供给，有了比例的缩减。

既没有货物可供出售，因此一直需要着新的购买力，而这种购买力，起初并没有用课税的方法，或通过按适当利率——12%—15%——借款的方式向公众取得，其取得的方法，有些(如英国)是直接发行纸币，有些(如法国、德国等)是向发行银行借款，其利率是有名无实的，只是到后来才向公众，首先是向战时的暴发户，试图取得这种购买力，即使在这样的方式下，其利率由于在先的操纵，也是人为地抑低的。在这种情况下，无疑地格外加强了价格的涨势。

在中立国家，尤其是斯堪的纳维亚各国，其价格的上涨，确曾相等于或甚至超过交战国家(例如英国和美国)，但这种涨势只是一种从属的、有源可推的现象。这是很容易证实的；我们所以能够防止价格水平进一步上升，大概只是由于禁止了黄金输入(1926年2月)，并将外汇率压低到了平价以下。假使斯堪的纳维亚国家在战时率直地维持着金本位——这是毫无疑问可以做得到的，事实上据说挪威在战事初起时，就曾经这样建议——则价格的进一步上涨是无法防止的，[①]那时外国以黄金运送给我们，它们就可以向瑞典银行任意支取纸币，安然取得我们的货物(除非一切出口完全禁止)。在这样的方式下，我们可以获得大量黄金，但在停战以后要继续维持金本位，那就要更加困难些而不是容易些，因为要达到这个目的所需进行的通货收缩，其事所包含的范围将更加广大。

那时要避免这种情况，我们，正是由于黄金过剩，或将不得不

① 在荷兰，其中央银行至少曾自称准备按平价接受一切拟交纳给它的黄金——事实上无疑是有着某种限制的——但在战争的最后数年，虽然其进口方面的困难并不比我们大些，其批发价格的上涨却超过了我们。

取消以黄金支付的办法，那么在目前斯堪的纳维亚三个国家的通货或者将是贬值的纸币，正同西班牙的情况那样，虽然那个国家在战时曾经获致大量黄金。所以我们的金融和政治领导应受到的责难，至多只是对价格没有能阻止其上涨，而不是在实际上有所促成；同时，如果我们的理论是正确的话，要阻止价格上涨也许是不可能的，虽然，我们的领导应该能够把事情办得比实际所办到的更加好得多。

我们晓得，关于所有这些问题，卡赛尔教授是抱着相反意见的。不过他的见解，特别是在他的《1914 年以后的货币与外汇》里，表示得那样模糊，我没有能够领会其真正意义。关于 1916 年排斥黄金的主张，卡赛尔教授是建议人之一，据说原来准备送呈国会的关于这个措施的建议还是他起草的。排斥黄金的政策没有能更彻底地执行，关于其目的未能有更清楚的概念，卡赛尔教授曾表示遗憾，我也是这样，我并且相信大多数瑞典经济学者也是这样。这个失败，部分系由于丹麦和挪威对于这一措施的协定三心二意，它们还违反了瑞典银行的意向，把它们的黄金运送给这个国家。然而卡赛尔教授随后在他的著作里却说是，如果我们没有宣布排斥黄金，情况可以更好些，[①]他还说（所引著作第 271 页），[②]当 1918 年夏间经济学者们还在竭力主张对排斥黄金政策作更加有力的推

① 他说（英文版第 94 页）："在战争结束时，瑞典将拥有真实的黄金通货，瑞典克朗与美元之间以前的平价，无论如何可以大致恢复。"能有人相信这样的话么？那么为什么荷兰（更不必说西班牙了）的通货会跌到美元以下，从 1921 年起更跌到瑞典通货以下呢？

② 以后除特为指明者外，均指该著作瑞典版。——原译者。

行，他们是“不识时务的”，因为在那个时候，依照卡赛尔教授的看法，我们通货的价值，已经“远在其黄金价值以下”。他赞美实践的银行家，认为具有“比较敏锐的识力”，因为“他们指出，瑞典银行反对黄金内流的态度如果能够缓和些，是符合一般愿望的，他们认为就我国的情势(在战后)说，或将需要大规模地输出黄金”。

直到目前止，瑞典银行从未曾被迫输出黄金。实际所输出，都是我们所极端乐于脱手的。所以我很难看出这些银行家“比较敏锐的识力”究竟在哪里。另一方面，从纯商业观点看，如果可能预见到某些通货以后将贬值，则牺牲外汇供量、增加黄金供量，将极端有利；但是事实上如果私营银行为其自己的需要，不购买外汇而输入黄金是无法阻止的，不过这个办法，就我所知，从未见采用。关于这个问题，如果卡赛尔教授的理论是正确的话，则私营银行对瑞典银行的劝告，跟经济学者相反的劝告，将同样是徒然的。如果瑞典通货的价值果在其金值以下，瑞典银行不论怎样只有按极高的价格输入黄金。但这一点同卡赛尔教授的论据又怎能符合呢？事实是，如大卫逊所指出的，其时美元汇价是 91 奥(ŏre)，即低于平价 20%以上。因此，根据卡赛尔教授，美钞将更低，将低于其金平价假定 30%，这样的情况是很难想象的，因为不久以后，这些纸币就能够兑换黄金了，而在此举以前或以后，都未见到通货收缩的现象。

卡赛尔教授的意思大概是说，当战时，瑞典的价格由于内部的通货膨胀(主要是“公家”浪费的结果)，被强迫提到这样高的水平，因此，如果贸易差额相抵于平的话，将证明我们的通货价值远在美元以下，因而也在金平价以下。但是由于我们在进口方面有困难，

结果在贸易和支付余额方面表现了"顺差"——卡赛尔教授对于这个问题没有详细叙述。结果是我们的通货(在较小程度上还有我们邻邦的通货),在国外的估值高于其真正的国内价值,甚至高于其对美元的平价。这样的情况并不是不可能的;但如果真是这样的话,那么就瑞典的情形而言,当美元恢复兑现、其黄金得自由输出,从而黄金自由市场在美国建立以后,我们纸币的低劣本质,为什么不在那个时候暴露,还有,瑞典克朗在暂时贬值以后,我们对于其价值的提高,并没有采取任何激烈手段,为什么早在 1922 年 12 月,就能与美元恢复平价关系,这些就都很难解释了。卡赛尔教授虽然常自诩有预见能力,这类演变,显然他没有能事前料到(参阅所引著作第 276 页)。

我对于这个事件的看法不同。当战时,在瑞典所以出现非常高的价格水平,应归之于三个因素。即使我们当初完全抱着被动态度,对于交纳给我们的黄金完全接受,这些因素也会发生同样的甚至更大的作用。第一个因素是一般的通货膨胀,是在一个金本位国家,像在美国所发生的那样程度的通货膨胀。第二个因素将使欧洲价格的上涨超过美国价格——即使各种通货维持其平价。这个因素的内容是美国货物的过量出口(战时及战后),使已经极度高昂的运输费用,在东向贸易中,其费用的上涨又远远超过了西向的贸易费用。[1] 虽然当战争的最后几年,我们从美国直接的进口为数不大(以后有了增长),但结果是提高了我们进口品的价格。

① 当美国以其军火及军需品运赴欧洲时,这个现象大致更为突出,当相反的动向开始时,则情况比较缓和。

最后是我们对进口的限制，由于某些原因，其影响在瑞典比在斯堪的纳维亚其他国家或比其他中立国家为显著，这个措施同实行极高的或禁止的进口税率，显然具有同样效果，即促使一般价格水平提高。即使在十足的金本位制下，这样的价格上涨也还是要发生的；的确，上涨得还要更厉害些，直到最后恐将使出口无法超过进口。但是我们拒绝了接受黄金。于是汇兑率不得不跌到平价以下，这样就无疑地使出口商以及他们的后盾，银行，倾向于以低利率在国外扩大信用，或者，如规定必须以瑞典通货支付时，则将诱使国外的买主力求贷款，即使条件苛刻也在所不计，希望将来在汇兑上获取利润。如果我们接受黄金，则这样的诱惑力即不复存在。十分可能的是——而这也是大卫逊教授所不否认的——汇兑率与价格水平之间的紧张，将不至于完全像实际所发生的（例如当1917年秋季）那样厉害。我当然不敢说这个解释的每一个细节都与真理相符合，但对于所谓“内部的通货膨胀”，似乎已由此否定了这种假设的必要性——这里的解释，只是以不存在任何内部的通货膨胀为前提的，这个现象如果曾经存在的话，对美元的汇价还要低落得更厉害。那么卡赛尔推在上述经济学者们身上的“不幸的失算”，凭的又是哪一点呢？

三

至于在战后时期，关于那时的不合理的、往往要使人迷惑的价格波动，我不得不率直地说，我所盼念最切的是能够听到有人对这些问题提出的权威意见，而不是让我自己来试作解释。我感到我所能贡献的只是对这些问题作一些浮泛的评述。

我们(以及别的中立国家),这时已经能够自由输入货物,这时的贸易差额不是出超,而是很显著的入超,进口品主要是来自美国的。很明显,这时美元汇价远低于平价,而价格水平,或者毋宁是价格指数,比美国高出 50%以上,这两者间的差异,不久势必要消失;[①]至于实现的时候,其方式是我们的商品价格突然下跌,还是美元汇价提高到远在平价以上,那当然要看情况决定。如果卡赛尔教授的主张在 1919 年春间得以实现(那时美元首先上升到平价以上),诱使我们重新建立十足的金本位制,自由输出黄金,那么显然上述的前一个情况将发生。至于这一点对我们国家是否有利,姑且不谈。

甚至迟至 1922 年 3 月,卡赛尔教授还自称他对于这个问题的主张是正确的,认为如果照他的办法实行,"价格就不会发生猛烈波动"。[②] 就我所能看到的结果是我们的价格水平,以克朗计的,同实际以金计的(即以美元汇价对平价的比率除之)情况将相同。换言之,即 1919 年 1 月指数 369,到次年 1 月将降至 246,以后将重行上升,到 1920 年 7 月将上升至约 296,然后到 1921 年 10 月降至 150。所谓不会发生波动,从最低度说是相对的。卡赛尔教授在他的全文将结束时(所引著作第 351 页),以最严重的语气警告我们,非等到价格水平"使之与企图实行的金本位相称合时",绝不可使我们的纸币可以兑换黄金,关于这一点他还示意"宜觅致比

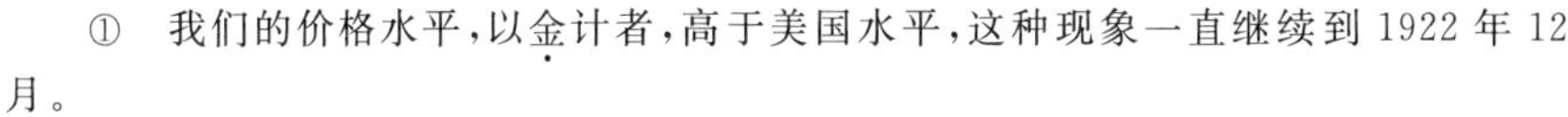

① 我们的价格水平,以金计者,高于美国水平,这种现象一直继续到 1922 年 12 月。

② 所引著作第 280 页。

较机敏的人士来充任那些中央银行的领导”。但就我所知，任何人的建议，也没有比他在1919年的建议，为瑞典银行的领导们所反对的，更加富于冒险性的了。可异的是这样的矛盾，怎么会在同一个头脑里出现的呢？

卡赛尔教授对于这个问题作出结论（第352页），认为“一个欧洲小国，要独立地恢复纸币兑换黄金是不大可能的”。其论据的缺乏事实联系，可以不必深究；但这一点同他在1919年先已提出的观点，又如何能一致呢？

我们价格的下跌，起先是逐渐的，实际上到1920年跌势已中止，这时发生了新的涨势，但主要限于批发价格。[①] 另一方面，美元汇价则几乎不断地上涨，直到1920年12月达顶点（高于平价37%）——虽然后于美国的进行通货收缩只有几个月。

这种严重的通货收缩，逐渐蔓延到许多——虽然不是所有的——国家，无疑地这是货币历史上绝无仅有的现象。对这种现象的整体，或其主要部分，如单纯从货币方面求解释，比如说是由于美国联邦准备局或别的中央银行的“通货收缩政策”等等，是恐怕没有什么效果的。必须承认，如果别的方面没有变化，高利率足以使一切卖主急于脱售求取现款，使一切买主不及原来那样的急于购入，因此有压低现款价格也就是实际价格水平的某种倾向。

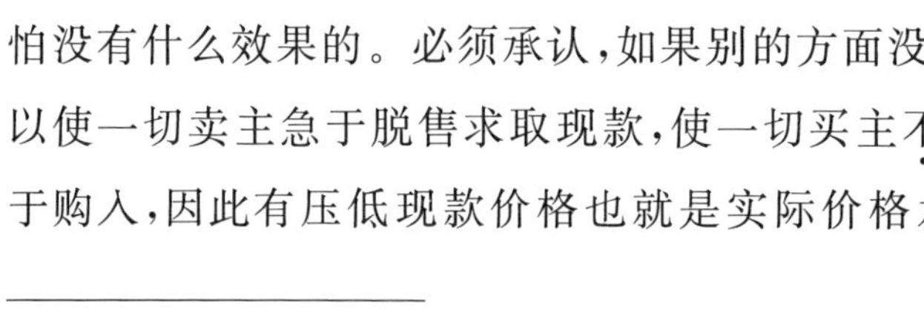

① 很难否认，这一涨势，至少部分地系由于——像大卫逊所指出的——律克斯银行（the Riksbank）过早地降低贴现率。若单就卡赛尔教授的论据来推断（第275页起），不明底细的读者，很难由此得出别的结论，除了卡赛尔自己所反对的降低贴现率这个步骤。但这个步骤实行后不过一星期，他即建议对贴现率作更加剧烈的降低，其使人惊奇的理由是美元已经上涨到超过其平价。这与他同时的恢复黄金出口建议，至少是一套的手法。

我认为还可以肯定地说，当利率长久地高于或低于生产事业所投资本的实际所得时，对于价格将有一种累积性的影响。[①] 但是如果认为利率按年百分之几（绝不是百分之几以上的问题）的增加，其本身足以使价格降低到，比如按月 5%，像那可纪念的 1921 年所发生的那样情况，这种说法似乎是不可信的，这样的因果关系，我看不出在理论上怎样能站得住脚。另一方面，如果价格像这样的惨跌，系出于别的原因，则企图用比较宽大的信用政策来制止，恐怕也难以奏效，除非银行贷出资金简直不取任何利息，也不需归还——这样的事体在某些国家里确曾有过，而且规模很大（对象是国家），如奥国、俄国、德国，在若干程度上还有意大利和法国，关于一般的通货收缩，后两个国家没有参加。

这里还容易诱使我们采取某些人的见解，他们把问题的重点放在"货物方面"，放在与"心理因素"有密切关系的方面。我们知

① 最奇的是，这一个论点却为卡赛尔教授所反对，虽然这个论点本身，似乎可以大大地加强他自己的论证。关于这一论点，叔谟彼得（Schumpeter）（"信用管理"，载《社会科学文集》，1925 年，第 1 期，第 295 页）比卡赛尔更进一步；他认为恒久的银行高利率虽然在开始时将使价格下跌，最后总是要失去一切效果的，因为这将倾向于减低生产，从而加深了货物缺乏的情况。我的看法是——除出于恐慌所造成的现象外——只要生产的实际因素，土地、劳动和实物资本维持原状，生产数量就其整体说是不变的。银行利率所影响的，只是生产者彼此之间对于占有这些因素的竞争，在当前利率过高或过低的情况下，将使这些因素的价格或其他的价格不断地下降或上升。如果卡赛尔，尤其是叔谟彼得的见解是对的话，那么银行就不妨随意提高或降低其利率，所冒的风险再没有别的，只是限于一次的价格上涨或下跌。这似乎是不合情理的。要晓得整个问题是极端复杂的，高的银行利率固然可以压低价格，但也可以鼓励自愿的储蓄，从而增进实物资本量，至于低的银行利率使价格上涨的结果，将强迫固定收入的人们从事储蓄，而这一点也将倾向于资本量的增加。要解决这个纠纷，还有待于日后的研究。

道,美国在通货收缩以前,当1919年下期及1920年初,曾发生严重的价格上涨(比瑞典要厉害得多)。其原因当然是由于1919年时美国的巨大出超(出口价额在40亿美元以上),从而引起了货物的比较缺乏。至于以后的价格下跌,最初一般认为是属于复原性质,系价格猛涨以后的反应。但是这样的解释没有多大力量。如果由于货物缺乏而引起的价格上涨,已经为银行方面不愿提供支付手段的措施所制止,那么即使货物缺乏的现象已成过去,向下的趋势显然还是要占上风,价格还是要下跌。但是如果支付手段的供给,随着价格的上涨,其步调相当一致,则当货物的供量上升到正常情况时,价格的涨势将停止,此外就不能再有所期望,即价格将不致转趋下跌。

但在这方面或者还有一个因素应加以考虑。当货物的缺乏变为持久性时,则价格上涨的趋势,即使没有银行方面信用的限制,最后终须停止。当一般人们,年复一年,不得不使自己同在消费中所受到的限制相适应,渐渐与之习惯并相安以后,停止上涨的情况即将发生。当处于这样的情况时,如果货物供给比较的趋于正常,将发生供量过剩的结果,对于过剩的部分,一时将感到没有与之相适应的需求。这个时候将看到与上面所描写的同样的情况,不过性质相反。对通货收缩现象这样的解释,不论其显得似乎怎样地浮泛,但比通常对这一现象的解释,“货物丰足,但人们过于贫困,无力购买”,大概比较地近于事实。因为一般地说,后者所说的现象是不可能的。在同一个时间,既有货物出售,却缺少方法用以易购别的货物,那就是说同时既贫困又富足,这是不可能的。当然,在这一个国家里货物可能非常丰足,而在那一个国家里,对于仅足维持生活的必需品可能还感到缺乏；但这个现象对于国际价格水平将怎样促使其上升或下降，却不清楚。总之，舍(J. B. Say)在好久以前就指出，货物总是要引起对别的货物的需求的。

最后还有一点也是很明显的，在战争结束以后的一年半到两年间发生的严重的通货收缩，具有由恐慌造成的现象的一切特征。战事的停止并没有使货物立刻充盈起来。它固然使大多数国家之间货物的交换大大地便利，但这时的生产与战前相比还差得很远。还有，进口商获得了贷款的帮助，把他们价值的进口品囤积着，不使市场上供额过丰，借以保障他们自己的利益。当1919—1920年间，据说货物是很丰足的，卡赛尔教授对于这个现象这样说，"这将使某些人的理论限于困境，他们是要以商品缺乏作为解释价格上涨的真正依据的"。[①] 这个说法，初看起来似乎也有其理由，实在并没有什么力量。这时要把货物继续囤积起来，渐渐地变得越来越不方便，风险越来越大，这当然部分系由于高利率，但主要原因当为货物生产与供给的增加，尤其是(如卡赛尔教授自己所指出的)在于交战国的出售大宗军用物资。特别是英国的军用物资，其存量出于一般意料以外；不说别的，英国在战时曾将澳洲好几年内的羊毛出产全部预购。还有一个重要因素与这个问题有关系的，是被谈论得很多的所谓"买主的罢工"。[②] 当价格开始下跌时，每个人都观望不前，把买进的举动尽可能地推迟，希望价格继续下跌；同时商人则惟恐价格再跌，竭力抛销。这样买主的罢工，如果

① 所引著作，英文版，第54页。

② 还有一个相类的战时现象，是将货物暗中扣留不放。

我没有误解的话，在每次恐慌中是一个极平常的现象，这一点在若干程度上加强了我的关于价格下跌理由的论据。一个人由于货物缺乏，不得不忍受牺牲，降低其生活标准，这是难受的；但为了某种原因，对于他原来想买进的故意推迟时，他对于眼前的牺牲，就不会感到像前一个情况那样的难受。（在有些情况下，关于有些商品，其趋向可能相反。）

假定（虽然必须承认，这个假定是不太合理的）由于货物缺乏对价格发生的影响，被随后的产量恢复正常所抵消。但这时价格上涨还有很大的残余势力，[①]这一点应该看作是由于“货币方面”、即发放贷款过于宽大所引起的那个通货膨胀的累积性结果。毫无疑问，当战时以及战后的最初数年间，即使在那些对于其币制防护得比较最努力的国家，其银行利率与实际利率对照时，也必然是过低的；那时的实际利率，由于战争造成的流动资本的缺乏，必然是被迫上升的。不幸的是，这里所提到的一点，其概念极难解释清楚，也极难摹写其大概，但尽管如此，这些概念总是经济现象构成的根本原则，经彻底研究后可以充分证明的。

从这样的角度来看问题时，在我看来，实践的事务家与经济学者之间的缺乏了解，似乎可以由此化除，达到更高一层的统一；现在既没有另一个世界战争，并没有理由害怕货物缺乏的现象会突然出现，因此在正常情况下所需要的只是一个开明的、有远见的银行政策，使价格水平与货币购买力尽可能地趋于稳定。

① 这一点或者可以最适当地从包括零售价格与租金的生活费用指数来衡量。

四

在斯堪的纳维亚各国中，瑞典同还有两个中立国家荷兰与瑞士一样，甚至比它们还更早，并没有采用什么特殊的办法，除了有关降低价格水平的方面外也别无其他任何困难，就使其通货与美元、与黄金达到了平价；而且丹麦与挪威，它们虽然用了种种方法，还没有能达到这个目标。显然，两方面的情况所以不同，系由于这些国家的客观环境比较地不利——在挪威方面，潜水艇战争使它受到了损害，在丹麦方面，如运输业务中的误计、对商德宇兰(Sŏnderjylland)的供助资金等——并不是在我们银行家和理财家方面有什么过人的巧妙法门。然而也应当指出，自从1919年实行排斥黄金以后，瑞典通货的管理，确较其邻邦为合理。如果以三个国家的当前批发价格水平除以美元汇兑率，则正如一位挪威作家所指出的，[①]说明美元购买力在瑞典低于挪威，而在丹麦最高。从这一点似乎可以证明，在瑞典价格所以上涨，主要系由于客观情况，当这些情况不复存在时，其对美元的平价即行恢复；另一方面，在挪威和丹麦价格所以上涨，至少在战后时期，部分系由于内部的通货膨胀，这种情况继续不断而且愈来愈甚，以致无法使其价值与美元、与瑞典克朗相平。近年来这些通货的价值以瑞典克朗计算时，丹麦克朗曾跌至60奥，挪威者曾跌至50奥。

① 爱弥尔·第厄森(Emil Diesen)，“价格水平、通货、汇兑率等”，《国民经济杂志》，1922年。就我所知，其中关于瑞典的数字，与大卫逊在《国民经济杂志》，1925年，第一期，所供给的不完全符合。

我们晓得，这两种通货的情况以后获得了改善，各提高约50%。根据最近行市，丹麦克朗已接近、大致不久可以恢复本价，尤其是丹麦的价格水平（如果《财政杂志》的统计在别的方面可靠的话）于1925年10月已与瑞典者极为接近（但要注意的是这里的问题不在于实际水平，而是在于以十二年前的价格水平为基础，由此所获得的指数）。挪威的情况却不幸没有这样的顺利，其对瑞典的汇兑率现为76奥，而其价格水平（指数）与我们相比较时，仅合汇兑率72奥。但在这方面自1924年起已有很大改善。

按这方面的进展主要发生在1925年，我还没有获得有关的详细资料。所以能获得进展，大都是（至少部分地）归之于一个因素，关于这个因素，在这里我们还很少谈到，但在所述的整个时期中占很大势力，这就是对这两个国家的通货的国外多头投机。自战事发生以来，这种投机方式的声名很坏。投机进行的规模极大，但投机者的损失也极大，这是由于有关的国家，后经事实证明，完全无意于改进其币制，相反地，它们只要能支持下去，却在倚靠着其通货的贬值度日。[①] 但是即使在正常情况下，多头投机，不论对商品或有价证券，有一个弱点，当多头运动只是受到投机者自身的支持

① 当战争时期以及和平以后的最初几年间，对于低值通货的投机，大致全部是多头性质，投机者相信并希望这类通货将来会改进。但是在这方面对于有些国家的希望幻灭以后，多头失败，空头投机当然即代之而兴，认为这类通货必然将继续恶化；由于有关的政府对于这种投机新趋向所采取的对策，有的很不适当，有的完全未能实现，于是空头投机，如近年在法国的情况，使通货价值锐跌，由此间接影响到商品价格，而在这个时候却没有发生任何内部的通货膨胀（参阅《政治经济杂志》，1924年，所载阿夫坦里翁[A. Aftalion]的作品）。在德国，情势曾发展到这样严重，以致其国内通货已不能发挥其作为价值尺度的职能——除用于直接交易外——而变成了所谓独立的财富对象，由于空头投机的长期压迫，其价值每况愈下，直到减至于零。

时，待其投机目的物脱售、利润获得以后，由于供量增加，其价格即依然下跌。但是就这里所述的情况而言，投机者是受到一种显明的愿望所支持的，挪威和丹麦两个国家都公开表明其意向，要恢复克朗的平价。投机者的打算是，由于他们活动的结果，假若将汇兑率提高，提高的水平能保持到任何长的时间，则有关的政府绝不愿其重行下降，将努力保持这个水平。如果投机者从丹麦买进了汇票或别的证券，其含义即是，丹麦的进口，部分系在贷款的方式下获得（或其出口的部分价款已经预付），在这样的情况下可以逆料，为了不让这类游离的债务影响汇兑率下降，将发行外债从事整理。不幸的是，投机者的利益并不在于汇兑率保持于不变的水平，如果他们过早地企图收获其盈利，汇兑率或将再度降落。这种投机方式，说到底不是别的，只是一种临时外债，对于通货收缩计划的推动，无疑地将发生一种很好的杠杆作用；进口受到了鼓励，进口品将比较地丰足，其价格将比较低廉，整个程序的进行，要比较完全仗国内力量，以紧缩信用、减少国内借贷等方法为依据时，顺利得多、愉快得多。

叔谟彼得在上述作品里谈到关于英国的一番话也许是对的。他说当英国宣布关于恢复平价的意向时，全世界深知这一个步骤的重大意义，投机者普遍趋向于英镑多头，这样就以资本供给了英国，大大地有助于英国在这方面的企图。叔谟彼得似乎很担心，这样会引起一种困难，将造成英国汇兑率与价格水平之间的差异，这种担忧似乎并没有依据。英国的汇兑率与价格水平大体上似乎在同一个而不是相反的方向上相互地影响着，这正如叔谟彼得自己所指出的，两者是有着共同根源的。

但是凡事有利总有弊的;进口品消费的增加是以外债的代价得来的,还有,由于汇兑率的提高,使这个国家对于资本要付出一种无形的回佣,相等于投机者在汇兑上所获得的盈利。

因此,特别是关于挪威,最适当的办法我认为是,即大致以目前的汇兑率为依据,立刻恢复黄金的支付。这个措施,对于政府关于因通货价值低落、对国家、对个人的相关权益宜否给以补偿的考虑,并没有妨碍而是有所帮助的。关于这个问题,我曾在政治经济学会演讲时指出,即使在已经能按金平价兑现的国家,也还不能认为已经解决,因为黄金的价值,现在还远低于战争以前。

但是就我所能见到的,现在并没有立刻采用一个新货币单位的必要。可以简单地就现用纸币掉换价值略低的新纸币,这种新纸币应可以按以前的平价直接兑换黄金。这样,对于斯堪的纳维亚三个国家之间货币同盟的重新建立有极大便利。我个人坚决拥护这样的同盟。这个同盟,通过具体协议,或以实际经验的势力作依据,作进一步规定以后,三个国家将由此引向实质上相同的货币制度。这可以说对将来在统一基础上的世界货币制度的进一步规定,起了小规模的示范作用,而这样的货币制度是经济学者们所向往已久的。斯堪的纳维亚国家这些计划的实现已经在望,如果关于树立这样一个典型的企图终于失败,被那些由于思想迟钝或成见过深而反对一切新政策的人们作为借口,那将是一件万分可憾的事。

结束时让我再简单地说几句。

我深晓得,这一次我应该比平时格外地请求读者宽容。我写这篇文章,主要是关于一个困难、复杂的问题,试图澄清我自己的思想。我敢说，假使能由此引起读者作相类似的尝试，那么即使所得的结论跟我自己的完全不同，我也将感到莫大愉快。

图书在版编目(CIP)数据

利息与价格/(瑞典)魏克塞尔著;蔡受百,程伯撝译.—北京:商务印书馆,2017
(汉译世界学术名著丛书:120年纪念版:珍藏本)
ISBN 978-7-100-14088-1

Ⅰ.①利… Ⅱ.①魏… ②蔡… ③程… Ⅲ.①货币理论—研究 Ⅳ.①F820

中国版本图书馆CIP数据核字(2017)第137969号

汉译世界学术名著丛书
(120年纪念版·珍藏本)
利息与价格
〔瑞典〕魏克塞尔 著
蔡受百 程伯撝 译

商务印书馆出版
(北京王府井大街36号 邮政编码100710)
商务印书馆发行
南京爱德印刷有限公司印刷
ISBN 978-7-100-14088-1

2017年12月第1版 开本710×1000 1/16
2017年12月第1次印刷 印张15½
定价:80.00元